我的祖辈与我的祖国

中央美术学院马克思主义学院 编著

文化艺术出版社

图书在版编目（CIP）数据

我的祖辈与我的祖国/中央美术学院马克思主义学院编著.—北京：文化艺术出版社，2021.10
ISBN 978-7-5039-7122-8

Ⅰ.①我… Ⅱ.①中… Ⅲ.①毛泽东思想—高等学校—教材②中国特色社会主义—社会主义建设模式—高等学校—教材 Ⅳ.①A84②D616

中国版本图书馆CIP数据核字(2021)第193548号

我的祖辈与我的祖国

编　　著	中央美术学院马克思主义学院
封面题字	范迪安
责任编辑	李岩松　王奕丹
责任校对	董　斌
封面设计	马夕雯
出版发行	文化藝術出版社
地　　址	北京市东城区东四八条52号（100700）
网　　址	www.caaph.com
电子邮箱	s@caaph.com
电　　话	（010）84057666（总编室）　84057667（办公室） 　　　　84057696—84057699（发行部）
传　　真	（010）84057660（总编室）　84057670（办公室） 　　　　84057690（发行部）
经　　销	新华书店
印　　刷	国英印务有限公司
版　　次	2021年10月第1版
印　　次	2021年10月第1次印刷
开　　本	710毫米×1000毫米　1/16
印　　张	15.75
字　　数	300千字
书　　号	ISBN 978-7-5039-7122-8
定　　价	58.00元

版权所有，侵权必究。如有印装错误，随时调换。

本作业集为"中央美术学院'五位一体'思想政治理论课教学方法改革项目"成果，由教育部 2018 年度高校示范马克思主义学院和优秀教学科研团队建设项目"思政课教学方法改革项目择优推广计划"资助（项目编号：18JDSZK117）

序言

只有深刻理解个人与社会的关系，才能自觉将个体生命融于更为宏大的场域之中去体验和审视，从而逐步形成更宽广的格局、更崇高的境界、更宏阔的视野以及更深厚的时代和家国情感；只有真正秉持马克思主义的立场、观点和方法，才能深刻认识人类社会的发展规律和时代变迁的大势所趋，并在个体活动中自觉担当推动时代进步的历史使命。在中央美术学院思想政治理论课教学中，我们将青年学生的家国情怀和责任意识培养置于工作首位。

针对艺术专业学生的思维特点和思想实际，中央美术学院在思想政治理论课教学中，实行了"课堂串讲+名师讲座+经典阅读+课堂讨论+实践教学"的"五位一体"教学方法改革，旨在激发学生的学习兴趣和动力，使其在具有艺术院校特色的思政课堂中获得专业发展所必需的理论知识和思想能量。"五位一体"教学方法改革着眼于艺术专业学生感性思维活跃、创造能力突出的群体特点，利用行之有效的教育理念和教学方法引导其参与课程活动全过程，并最终实现从感性认识到理性认识的转化和飞跃。在课堂教学中，通过情景带入法使学生进入艺术家状态，在历史场景和现实场域的真实感受下，思考近现代中国的历史抉择；思考马克思主义理论、毛泽东思想和中国特色社会主义理论体系，特别是习近平新时代中国特色社会主义思想的理论内涵与时代意义。在"课程串讲"阶段，学生掌握课程基本知识要点和整体逻辑体系后，通过"名家讲座"和"经典阅读"，进一步开阔学术视野，拓展思想格局，提升精神境界，再通过"课堂讨论"激发问题意识和主体意识，进而经由艺术专业实践，表达对马克思主义理论和新时代马克思主义中国化实践历程的思考与感悟。

这本以"我的祖辈与我的祖国"为主题的优秀作业集，就是"毛泽东思想和中国特色社会主义理论体系概论"课程的"实践教学"成果。在教学过程中，主讲人宋修见教授带领由18位专职辅导员组成的兼职助教团队，创造性地开展了"情景教学公开课""写生路上的思政课""特别的日子特别的思政课"等形式新颖、特色突出、效果显著的教学活动。"我的祖辈与我的祖国"是其中的一个教学实践主题，同学们在阅读《新民主主义论》等经典名篇和《中国震撼》等专著后，对家族长辈进行了访谈，并完成了此次实践作业。同学们通过了解长辈们的生活经历及时代背景，深刻认识到个人命运与时代变迁的内在关联，理解了当今中国特色社会主义道路的独特性和复杂性，以及实践成果的来之不易，促使其深入思考作为新时代的艺术青年，应该怎样来选择自己未来人生的道路和艺术方向！

从数百篇作业中遴选出来的这69篇文章，并非全部的答案，而仅仅是中央美术学院青年学生真诚、感性和才华的部分展现。"一城一家聚中华"，一个家就是一个故事，正是分散在全国各地的无数小家庭，汇聚团圆成了泱泱中华大家庭；"一图一文绘中华"，情系笔端，丹青生香，美院的青年学子们以自己独特的方式，描绘和表达着对祖国大好河山的热爱和对社会主义建设者的歌赞；"一言一语叙中华"，点点滴滴，语重心长，道不尽情深义重和百转柔肠；"百年央美与时代家国"，与老先生们的对话，反映了中国社会历史发展进程的时代缩影和中央美术学院独特的人文景象。我们从中不难发现，这些95后的年轻人，思想活跃、感情丰富、行动果敢，对历史和现实保持着敏锐的思考和深刻的体悟，对国家富强和民族复兴倾注着拳拳之心和兹兹之念。我们谨以此向伟大祖国致敬和献礼！

2018年8月30日，习近平总书记给中央美术学院8位老教授回信，为中央美术学院新百年的发展指明了方向。有幸置身波澜壮阔的中国新时代，有缘相聚扬帆起航的美院新百年，中央美术学院师生一定会发扬爱国为民、崇德尚艺的光荣传统，以大爱之心育莘莘学子，以大美之艺绘传世之作。以高端艺术人才辈出、经典名作不断涌现的生动局面，引领中国美术事业和中国美术教育事业繁荣发展，努力创造新时代的中国艺术高峰！

中央美术学院党委书记　高洪

目 录

第一部分 一城一家聚中华

一城，一家，一中华 / 003

爷爷的"小玩意儿" / 010

攀枝花一样火红的青春 / 019

坚守的土地，延续的精神 / 022

我的外公胡抗生 / 025

请把这一切都放在你的肩上 / 028

风雪中的往事 / 032

吾族与国 / 036

传承故事——跨越疆土的交融 / 039

我的家乡 / 042

在南京，在山水城林 / 047

薪火相传 / 052

钢铁动脉 / 056

与祖国同呼吸共命运的祖辈 / 059

老房子的故事 / 062

葱葱群山 / 066

一个叫作"九山"的地方 / 069

风雨一时 平淡一生 / 073

第二部分　一图一文绘中华

河　西 / 079

我的外婆 / 080

那些日子 / 081

船 / 083

大院后的老树林 / 086

有关爷爷的回忆 / 087

岁月给它美丽的痕迹 / 089

路　过 / 091

主人？主人！ / 093

刻在心里的鲜红 / 095

记忆里的中国蓝 / 097

粮票记忆 / 099

老红军 / 101

发　声 / 103

城市建设者 / 105

老物件旧情怀 / 107

爷爷的房间 / 109

水墨田园 / 111

第三部分　一言一语叙中华

外公与牛歌戏 / 115

观念的碰撞、融合与传承 / 119

每个人都是历史的创造者 / 124

一个时代的见证 / 129

我与爷爷的交谈 / 134

旧相册与新问答 / 136

祖国，祖辈与我 / 140

黄河边上的对话 / 143

爷爷的画笔 / 147

铭记与遗忘 / 153

我与李女士的一次对话 / 157

第四部分　百年央美与时代家国

杨筠先生采访录 / 163

戴泽先生采访录 / 166

杨先让先生采访录 / 169

李化吉先生采访录 / 173

盛扬先生采访录 / 176

闻立鹏先生采访录 / 180

薄松年先生采访录 / 183

宋源文先生采访录 / 186

杜键先生采访录 / 190

庞涛先生采访录 / 193

靳尚谊先生采访录 / 195

翁乃强先生采访录 / 199

曹春生先生采访录 / 203

袁运生先生采访录 / 206

张宝玮先生采访录 / 209

张立辰先生采访录 / 212

郭怡孮先生采访录 / 215

孙家钵先生采访录 / 218

叶毓中先生采访录 / 221

贾又福先生采访录 / 224

吴长江先生采访录 / 228

王敏先生采访录 / 232

后　记 / 237

第一部分
一城一家聚中华

这一部分主要辑录的是学生对祖辈的感恩、对家乡的感念、对国家的感怀。一个家就有一个故事,一城一家一世情,最终汇聚成川流不息的家国情怀。

一城，一家，一中华

一座城，就是我们的一个家；一个家，就是一个小中华。

这是我的祖辈，也是我的祖国。

——题记

张维为在《中国震撼》中指出，中国，应当是今日之世界唯一的五千年古老文明与现代形态几乎重合的"文明型国家"。的确，鲜有国家能够做到这一点。我们现在提到中国，想起的不仅仅是中华民族近现代以来的斗争与反抗，也不仅仅是1949年中华人民共和国成立以来的突飞猛进，从古老遥远的黄帝、尧、舜、禹，宋、元、明、清，诸子百家、诗词曲赋、四大发明，中华民族发展历史上每一个具有划时代意义"文明"的出现，每一个里程碑式的历史节点，都让我们无比自豪。

每一个朝代都拥有其与众不同的气质与性格，这在每一个中国人身上都有着或多或少的体现——先秦的动荡与进取、汉唐的大气与包容、两宋的和乐与退让、明朝的开拓与巩固、大清的自夸与懈怠，等等，诸如此类。而人的成长死亡又恰如历史朝代的兴盛衰亡一样，是无法阻挡的规律。

我们家祖辈（从族谱记载算起）生活在福建省漳州市平和县。土楼和蜜柚，是我们那儿的特色。父亲小时候生活在芦丰村，母亲娘家在几十里开外的东槐村。我则是在西安出生，西安长大。现在，两座城，两个家，俨然都成为我内心不能割舍的家乡。这背后是更深厚的祖辈的故事。谈到我的祖辈时，我在思索间联想到他们性格中的时代烙印，透过每一段深沉往事，仿佛看到了朦胧的历史烟尘。我的采访对象是爷爷、外公、爸爸和妈妈，采访形式包括书信、邮件和电话。

拼搏进取的老一辈，与动荡更迭的先秦

太奶奶和太爷爷那一辈的故事对我来说过于遥远，遥远得连父母这一辈人提起他们，也只有零星的故事片段可讲。外公家墙壁上泛着岁月光泽的黑白画像，老家山上4个安静的坟冢，还有几年前悄然离世的102岁高寿的裹小脚的老人家——这就是采访以前我对这一辈人保有的不多的印象。外公提道："我小的时候，家里很穷，5岁父亲去世，靠妈妈养大。自1937年出生起经历过抗日战争和解放战争……"撑起整个家的，是他独立好强的母亲，也就是我的外老祖奶奶。母亲提起外老祖奶奶，说她当过妇女干部，办事很利落。外公证实道："你的外老祖奶奶，新中国成立后是我们村的妇联会委员、妇女代表，她在土地改革、镇压反革命时期工作很积极。"我并没有见过外老祖奶奶，但家里墙上挂着她一幅黑白的肖像画——面容精瘦，表情坚毅，一如她曾经用一个女子的双肩挑起整个家的坚强。

爷爷的亲生父亲是一位共产党的地下组织人员。父亲告诉我："他那个时候在南靖活动，用的不是真名，因为从事地下工作，行动比较隐蔽，所以很多人都以为他是做生意的，而且又不在咱们平和县活动，很少有人知道，所以也没留下什么证明。"爷爷回忆起他父亲的工作，更是颇有几分自豪之情："爷爷的爸爸是老革命……中国共产党是1921年在上海成立的，爷爷的爸爸在1932年就参加革命了。"

我并没有见过这两位老人，但经过长辈们的讲述，我依稀可以想象出外老祖奶奶在各处往来忙碌的情景，以及太爷爷为家国命运奔走的身影。

之所以提到太爷爷这一辈，是因为让我想起动荡的先秦，两个时代的人身上都有拼搏向上的精神。在一个动荡的时期，他们个人的意志没有消

沉和困顿，而是与动荡抗争，或者说与时代连在了一起，他们作出的努力为后代创造了和平安定的生活和成长环境。就像奋斗在战斗第一线的英雄们一样，他们是家族，甚至民族的英雄。自先秦不间断的斗争与更迭，在一个又一个王朝的建立衰亡后，终于迎来了一个崭新的国家。

沉稳睿智的爷爷，与大气庄严的汉唐

爷爷个头并不高，典型的南方老人家形象，作为家里最年长的一位，爷爷显得可靠、和蔼，并且严谨中带着幽默。父亲说："爷爷是老高中生，那个时候，高中生可比现在的大学生厉害多了。"我问起爷爷具体的故事，他兴致勃勃地讲了很多往事。

"爷爷的爸爸在他出生十几天后就得病去世了，他妈妈也没多久就走了，后来是交给咱们同族内的一个亲戚抚养的，是个秀才。"

而爷爷回忆起当时的故事，如此说道："我跟你说，当时家里自己做生意的，有些人要接受改造。我的养父很怕事，怕被改造。因此，他就不让我读书了，让我回家……所以我只读到高中。"高中毕业以后爷爷去了南靖县教书，但他觉得自己的性格和教师合不来，于是辞职去了工厂。那时正是"大跃进"时期，很多工厂盲目追求产量和效益，其实情况都很不好。

但爷爷没有放弃学习的愿望，他说他在报纸上看到高中没有毕业，如果工作了一段时间，打一个证明就可以去读大学的告示。南靖县的办事处却不给他开证明，还问他为什么要去读大学。爷爷回答说："我比较笨，我想让党再教育几年，出来更好地为人民服务。"但人家说他"错了"，还说"你可以现在就去工作"。爷爷没有办法，只能继续工作。化工厂、炸药厂、矿场，他先后在很多工厂都干过。"每次都没有熟悉就被调走了，很没有意思。后来我就觉得算了算了，不工作了，所以就回家干农活了，到现在就是你看到的样子。"爷爷有几分遗憾地说道。爷爷平时看电视喜欢看科普类节目，尤其是《动物世界》。当看到形态各异的动物不同的捕食技巧和有趣的生活习性时，爷爷仿佛回到了当年渴望接受新知识的少年的状态，兴致盎然。

小的时候回家，因为学校的课业压力重，我总是很少与爷爷交谈。2015年我考上大学，84岁高龄的爷爷坚持要来北京看看我的学校。报到的前一天晚上，爷爷把我叫去他的房间，叮嘱了我许多话，那时我真切地感受到爷爷内心对整个家族的挂念，还有鲜少外露的关怀。母亲也说："咱们家里面，我最敬重的人就是你的爷爷。"

我想起爷爷，便想起汉唐，或许他们是一样的。汉朝尊儒尚法，发明造纸术、风动仪，文教水平极大提升；唐朝懂得开放与交流的意义，明白士子为官的优越性，改进科举、接纳遣唐使、传播新知识。这两个朝代，拥有真正的大国风范。而我的爷爷，有着一家之长的风范，也有着自己的深谋远虑。从爷爷当年渴望上大学到为自己的子女提供学习机会，再到敦促孙辈的课业、为我的高考成绩拿到了家族奖学金而欣喜，都表明爷爷其实心里从未放下过"教育"二字，因为爷爷懂得"文化"二字的重要性。

不愿服老的外公，与抗争中退让的两宋

外公的普通话说得不如爷爷流利，因而我跟外公之间的交流便少之又少，加上我们二人的闽南语交流仅限于简单的日常对话，于是对外公的采访是以书信的形式进行的。生于20世纪40年代的外公有着传统的生儿养家的思想，却生了7个女儿，我的母亲是老五。外公回忆起自己早年的生活，还细心地给我分成6个部分：战争年代父亲早逝的艰苦生活；新中国成立后，人民公社集体化道路上一般水平的生活；坚持"大集体""小自由"，生活质量开始提高；承包责任制下的分田到户，生活进一步提高；改革开放后生活质量大大提高；老年过着子孙满堂的幸福生活。

在外公的描述中，我仿佛看到一个普通的中国劳动者的人生轨迹与中国

近百年的历史变迁相互融合，祖国百年来的节点性事件也串了起来，似乎近在眼前，让我有所感悟，他们才是真正了解历史的人。

外公对老一辈领导人有着难以言喻的崇敬之情，从家里墙上挂着的毛主席照片便可略见一二。虽然外公的普通话像一众福建阿公一样说不标准，但他唱起《没有共产党就没有新中国》《团结就是力量》和《东方红》等歌曲的时候却像个充满热情的西北老汉——外公对红歌有着特别的热爱。当我问起他"为何对红歌有如此的热情"时，外公回答："相信只有共产党才能救中国"，"我认为这些都是伟大的歌曲"。

信看到这里，我想到自己对中国共产党只是一种模糊的认识，相比之下，经历了时代变迁的外公们的真情实感作出了有力证明，中国共产党真正地获得了像外公一样的农民阶层的信任与支持，而这些勤劳朴实的庄稼汉也真正地从内心深处接纳了这个建立了新中国的政党。

谈到"对中国未来的期待"时，外公的回答仿佛高中政治课本的标准答案，但是饱含着他从心底散发出的情感。他说"我觉得（中国）是真的强大了，相信今后会更快发展和更加富强，我们应该更加热爱祖国，热爱共产党"。

最近一次见到外公，望着他上楼梯时缓慢的步伐，不禁为岁月流逝而感慨。外公听力也日渐下降，但给他老人家买的助听器，他无论如何也不愿意戴上。今年大年初二，家人一起步行去三姨家吃酒席，腿脚并不很方便的外公像个倔强的孩子，就是不愿意接受我们开车送他的建议，弓着腰背一步步坚持向前，头也不回地走在最前面。

跟爷爷相比，外公似乎一直不愿接受自己老去的事实，他一边不服老地宣称自己的身体非常康健，一边又不得不接受药物和补品。外公有着对家与国的热爱，也有着对年华老去的抵触。这样的性格使我联想起烽烟中的宋朝，也是像这样既渴望在岁月流逝中坚守自己的家国，却又不得不在强者的武力下谦卑退让，两者的影像就在我思考的恍惚间，重叠在历史的烟尘中，愈加清晰。

少小离家拼搏的父亲，与远航时代的明王朝

父亲将家里人从穷乡僻壤中带出来，他是有闯劲儿的一辈的代表。平日空闲时，父亲会不时地提起当年拼搏的不易，而我想记录这段历史，竟不知从何下笔。当我把这个问题抛给父亲的时候，他也感慨万千而不知如何讲述。

"我16岁就出远门打工赚钱了。"父亲每次提到他当年的奋斗经历，都有说不尽的感慨。那时16岁的父亲跟随师傅北上，从福建漳州来到古城西安，打工、学技艺、努力赚钱、创办自己的公司。提到父亲当年的创业经历，爷爷说："你爸爸当时写信给我，说想要自己开公司，我说'好'，但我们家里没有钱，那都是他后来自己赚的。"语气中满是对父亲的欣赏之情。

父亲平日喜欢看抗日战争题材和解放战争题材的剧作，他说："偏爱抗日战争和解放战争（的题材）可以激发爱国情怀，时刻提醒自己在没有硝烟的战场上应该如何居安思危、克服种种困难，还有如何才能克敌制胜，不能安于现状啊……"

父亲作为家里的顶梁柱，较少表露情感，每次国家有重大喜庆事件发生的时候总是比我们淡然许多，当我问起："这些事件发生的时候会感到自豪吗？"父亲却回答："其实我感到无比自豪，这表明国家在不断强大，也赢得了国际社会对咱们的认可……"

我说父亲的气质与明朝相似，是因为明朝开启了中国的"大航海时代"，这是中国古代对未知的无畏的探索，而当年父亲也是义无反顾地踏上了去往陌生异乡的路程。正如基辛格所说，明朝的航海并没有扩张中国的疆土，但这是明朝国力雄厚的体现，更是勇于开拓的表现，一如年少的父亲毅然决然地走出了小山村，在两千里外的西安城开拓了自己的事业。

我和弟弟,与新生的中华人民共和国

我是 90 后,弟弟是 00 后。从上小学起,每年都会听到校方致辞——"你们是祖国的希望、民族的未来,是 21 世纪的顶梁柱"。然而那个时候,我们甚至连"世纪"的概念都还没搞清楚,就更妄说什么家国理想、民族复兴了。

上了初中以后,政治课的学习开始了,我也开始从政治的角度认识中国。在我努力理解记忆"主要矛盾"和"精神文明建设"等课本内容的时候,周围已经开始有同学能像模像样地对时事政治进行评论,或褒或贬,在当时的我看来,都很有几分道理。随后,我和弟弟先后成为共青团员。

如今我大学本科已经接近尾声,开始接触与思考更多实际的问题,而弟弟在为高考努力。在校园里为飞翔蓄力的少年,与正在崛起、腾飞的新中国,同样不可估量。我们是中华民族新生的一代,好似充满希望的新中国,我们的未来都将震撼世界。

结　语

中国是我们的祖国,是五千多年文明积淀下一个已然崛起的、崭新的大国。身处她的荫庇下,我们应当有责任,也有义务去关注她的发展,也为她欢喜、为她鼓掌。正如《新民主主义论》结尾所说的那样:"新中国站在每个人民的面前,我们应该迎接它。新中国航船的桅顶已经冒出地平线了,我们应该拍掌欢迎它。举起你的双手吧,新中国是我们的。"

一座城,就是我们的一个家;一个家,就是一个小中华。这是我的祖辈,也是我的祖国。

叶婉纯

爷爷的"小玩意儿"

"祖辈"是一代人,他们生活的年代与我们很远,关于那个时代的故事,大多是从爷爷奶奶口中得知,而不是我们亲眼所见和亲身经历的。在我们眼里,或多或少都是存在着神秘感的。而祖国,现在离我们很近,我们实实在在能感受到它的存在,而祖辈时代的祖国呢?

总有一些事物,是时代的印记,是祖辈那个时代开始有的或者说是流行的东西,可以是一种布的样式或者一种糕点,也可以是一种手艺,还可以是一段民谣。只有在接触这类事物时,我们才能轻轻捅破眼前的纱布,对祖辈和祖辈生活的祖国有一定的认识,感受他们的时代。

我出生长大于一个江南小镇,我的爷爷和奶奶从小带我,在很小的时候就经常听爷爷讲起他年轻的经历,而且在我老家的小镇,仍旧有许多颇有意思的民间习俗,爷爷口中常说那是从"老底子"传下来的。"老底子"是方言,就是"早些时候"的意思。也就是在他们那一辈年轻时,这些风俗应该是很为流行的吧,而在今天的一些地方(尤其

崇福街道老宅上的精美木雕

是大城市里），这样的风俗器物应该很少见到了。所以我觉得，这一些东西可以说是"时代的印记"，因为它们见证了一家人的酸甜苦辣，见证了一代人的兴衰荣辱，也见证了祖国几十年来的变化。

接触那个时代的印记，我也能感受到特定时代的呼吸。从小处看大中国，从"小玩意儿"看大世界，我想从我爷爷那样的民间艺人视角来看祖国的变化是个不错的选择。于是我决定从我熟悉的几件小东西入手，写写我眼里的爷爷那一辈和祖国。

爷爷在年轻时从事过一些和民间艺术相关的工作，做了不少东西。那些如今称得上民间美术的作品，其实不过是他们那个时候在生活中用到的相当平常的东西，却做得很精致，也挺好看，所以可以勉强说成是民间工艺美术品吧。比如说在逢年过节祭祖拜菩萨的时候要用到的六神牌，或者是用来制作民间糕点的寿桃印（模），还有民间传统手工艺布料蓝印花布（古时浙江乌镇特产的一种布料）的印版，都是属于我认为的"小玩意儿"。我的爷爷虽然没有受过正规的美术教育，但在我看来，他很有美术天赋，因为他做出来的东西，还是比较精美的，在他们的那个时代也算是不错的"商品"了，能卖个不错的价钱。而儿时的我，总拿着爷爷年轻时候做的那些东西把玩。

一、六神牌：近现代农耕社会的宗教观

六神牌是过去一种在祭拜菩萨或祖先时会用到的纸质牌位，在20世纪五六十年代流行于江浙一带，现在江浙的城市里已经极少见到了，而在少数农村仍有。顾名思义，六神牌就是把六位神仙安在同一块牌上，从形状上看，六神牌很像古代的奏折，在每一面上各画一位神仙。但具体来说，有一些六神牌是画六组神仙，我爷爷画的就是这一种，所以这种形式严格来讲，应该叫"六组神牌"，想来是叫起来太拗口了，所以我们老家的人都只管叫"六神牌"。至于是哪六位主仙呢？主要就是画观世音、关

公、寿星、蚕花五圣……那时候老百姓少有读书的，我爷爷就没上过几年学，所以他们中的大多数人，还是信仰菩萨或神仙的。民间有"大慈大悲观世音菩萨""送子观音"的说法，于是就把观音画上去了；民间想借寿星长寿的说法来寄托身体健康、人生长寿的想法，于是寿星也被画上去了；更有意思的是蚕花五圣，江南素有"丝绸之府"的美誉，老家那里几乎每家每户都种桑养蚕，我家直到现在爷爷奶奶俩人每年还会养一点，于是那时候的人们就把愿望寄托在蚕花五圣身上——这样的愿望是很朴素的，尤其是在那个物质匮乏的年代。老百姓们选择去相信这些神仙，哪怕他们本身就是民间杜撰出来的，或许拜拜"六神"，他们过日子会感觉更踏实吧。

爷爷自制的六神牌

爷爷曾经就以画"六神"为副业。那一辈的艺匠几乎很少有受过正规美术教育的，爷爷也是这样。当时民间用于绘画的材料十分匮乏，且有工时和成本的限制，所以制作六神牌的工序是相当简单粗糙的，具体点来讲，就是套色印染和勾线两步。爷爷说步骤顺序也没有特别的讲究，画完再装订一下，就可以去贩卖了。听我爷爷讲，因为那时候家里穷，逢年过节的时候总是有些拮据,所以要靠贩卖六神牌来贴补家用。为了多做出一些来卖,爷爷让他的两个女儿,我的妈妈和我的姨妈来帮忙制作,两个女儿印染,爷爷勾线,这样的制作速度很快,有时一天就能做出好几十副。大家做出一批后爷爷就会推着他的自行车,满载着六神牌,大街小巷地去兜售了。那时候一副六神牌卖两块钱,人们大多会在清明、过年、大喜等时候用到,所以爷爷在过年的时候卖是一个很好的选择。但生意也不一定一直好,好的时候一天卖几十副,差的时候一副都卖不掉。总而言之,卖六神牌所挣得的钱用来补贴家用也是可以的。爷爷每每讲起此事,脸上总会浮现微笑,仿佛把这些六神牌当作自己的创作展示给世人并能够得到大家的认可,有着难以言说的喜悦。

但六神牌后来渐渐地少了起来,直到今天很难寻得它的踪迹了。开始的时候是因为"文化大革命"破"四旧",六神牌也在其中,所以自然是不可以制作出来卖了。在改革开放之后,六神牌虽然又"重出江湖",但已经不是爷爷制作的那种手工刻印的六神牌,印刷鲜艳整齐而且便宜的新式机印六神牌迅速地"飞入寻常百姓家"了,老的六神牌也因此被冷落,而爷爷从那个时候起也就没再做过这玩意儿,因为六神牌的时代已经随着祖国的发展而过去了。

六神牌的背后体现的是一种近代中国农耕社会的宗教观,这种宗教观有三个特点:第一,神祇认同和宗教信仰的随意性,就像六神牌中出现的六组神仙难有宗教之中的联系一般,老百姓大多是信仰好几

六神牌的一些细节

个教派的不同神仙的,拜哪个神仙没有太多讲究,农村办丧事也是这样,既能请和尚,也会请道士。第二,功利意识,拜佛求仙往往是有目的的。人们对于美好生活的向往其实就寄托在这些祭拜等活动里。第三,宗教行为简单。六神牌在实质上就是一种对宗教人物简单化的造像,使得老一辈的人能够从祭拜的特定场所,如寺庙,转变为在家中祭拜。

六神牌起起落落的背后,是一代人的经历,爷爷做六神牌的经历同六神牌类似,都在这祖国的风风雨雨中走走跑跑,也有跌跤的时候。当我现在触摸它的时候,总还能感觉到岁月的热度,而这热度,在祖国发展的空间中,永远不会消退。

二、寿桃印:聚焦生产力之转变

寿桃是一种江南地区特有的食物,但我们不把它当作主食,而是当作逢年过节要用到的或者是吃的糕点。为什么说是"要用到的"呢?因为在我们家乡的一些重要的仪式活动中,如婚礼、上梁、请年菩萨之类,必须要摆出印花寿桃或者年糕,所以这类糕点的品相很重要,首先得好看,其次才是要

爷爷新制的寿桃印子

好吃。儿时的我对于印在糕点上的漂亮图案的兴趣远大于吃它们。印在上面的图案很有趣,印在桃形糕点上面的往往是一个大大的"寿"字,配有蝙蝠等花纹,有"福如东海,寿比南山"的寓意,所以叫作寿桃,这样的寿桃是用来给长辈祝寿的。我家的寿桃印子就是爷爷做的,因为时间久了,家里剩下的老的印子只有一个了,其他的都是爷

爷在前几年新做的,和老的印子的做工相差不大,但所用的木材是新家装修剩下的红木地板下脚料,在材料上高档了许多。雕刻的方法也是很简单的,就是在一块平整的厚板上掏出一个桃形的凹槽来,把图案刻在凹槽内。用的时候,把制成的熟了的松软米粉团填进去,压紧再倒扣出来,糕点上就有漂亮的图案了。这种做糕点的方法,在当时的江南是很流行的,每家每户都会有一两个寿桃印子。爷爷做的寿桃印子,因为做得漂亮,印出来的图案好看,所以那时候会有人专门上门来借。爷爷雕刻的印子,当时是闻名乡里的。

寿桃印子的遭遇比六神牌要幸运得多,在"文化大革命"中没有被作为"四旧"破除掉。寿桃印现在少见的原因,主要有两个:一方面是随着社会的发展,人们对于那些复杂的传统节日或祭祀礼节的重视程度大不如前,尤其是新一辈人,他们很少有人会大费周折地去筹备这一类仪式,大部分都是从简,寿桃要用的数量减少了甚至不用了,那么寿桃印子就无用武之地了,自然会随着时间慢慢消失。另一方面在于乡镇糕点厂和作坊的兴起。这主要是在改革开放之后,市场上出现机器印制的新的寿桃糕点,这种寿桃比自己做出来的还要好看。这样一来,用寿桃印子自己去做糕点的人就更少了,人们会选择购买更好看更好吃的寿桃,曾经广为流行的寿桃印就此隐迹。

三、灶画和皮影戏:农民的审美趣味

灶画是民间美术的一种,"灶"字由"火"和"土"组成,我认为是用于生火的土堆,是我国农村普遍使用的一种用于生火做饭的设施,曾经在中国的土地上广泛流行,在中国老百姓的生活里有很大的实用价值。但随着我国城市化建设的进程,城乡基础硬件设施的不断完善,使用煤气灶和天然气及电磁炉的烹饪方式逐渐走进人们的生活,灶台逐渐淡出了人们的视野,现在的城市里几乎难以找到灶台的身影。然而现在的农村里,灶台的使用还有

老宅中的灶画

相当的规模,根据我的调查,在我老家的村庄里,绝大多数农户还是在使用灶台。我个人认为这不是落后的体现,相反这是保留下来的农耕文明智慧的结晶。农村的灶台绝大多数是和房屋结构成为一体,它和烟囱相连,并且以农村各类农业生产的副产品(基本上以柴为主)为燃料,兼具烹饪和供暖的功效,与现在大部分农村的客观状况相适应,所以我认为灶台是现代农村保留着过去生活方式的典型体现。

灶画,顾名思义,就是在灶头上画画。爷爷年轻时画过灶画,而且据说画得还挺不错,所以爷爷现在闲暇时用毛笔撇上几撇竹叶,勾上几支兰花可谓得心应手。爷爷说画灶画很难,过去都是新房子造好并装修完成时,才去请专门的师傅来给自己家的灶台画灶画,绘画的内容也不是由作画师傅一个人说了算,而是由师傅和屋子的主人经过商量,才定下画的内容,所以不同人家的灶画的题材会有些不同。灶画在代表那一时代农民普遍的审美趣味的同时,也具有个性的因素。我们家的灶画就画了菩萨、牡丹、竹子、凤凰等图案。此外我还看到过许多其他的题材,有八仙过海的故事、福娃、龙凤呈祥、山水等元素，所以在题材选择上是相当广泛的。传统的画法就是在灶头壁上分割出大小不同的区域，然后刷浆，干了之后用毛笔画颜彩画，画出来的东西在形式上更接近于农民画。还有一种新兴的画法就是把图案先印在瓷砖上，然后把这些瓷砖按图形贴在灶头壁上，当然这是一种新的方式，出现得也比较晚，爷爷也未尝试过这种做法。

  灶台虽然在祖国发展的进程中还无"大恙"，但灶画的变化可是巨大的。这变化先不从绘画或制作的工艺水平层面谈，仅从绘画的题材和内容上讲，就是近不同远了。爷爷那一辈人，往往喜欢画牡丹、龙凤和菩萨等传统的样式，在起到装饰和审美作用之外，更多的还有信仰和宗教的因素在里面，比如在我家中的灶台上就专门设有给"灶神"（又叫"灶王爷"）所做的画像和设立的烛台香炉，以祈求天神保佑人间的幸福生活。当今的灶画与宗教的联系大大减少了，而装饰性提升了，一方面是制作工艺的提升，另一方面是大量装饰性图案的运用，冲淡了以前灶画浓郁的宗教和崇拜意味。这在一定程度上和之前提到的拜六神牌有类似的地方，可以说是不同代人的审美趣味的转变吧。

  那个时代人们的审美趣味，还体现在另一种独特的娱乐方式上，就是皮影戏。我爷爷年轻时是我们当地很有名的设计和制作皮影的匠人。爷爷最近几年尝试着复原制作了一批作品，然而用的材料已经和过去大有不同了。做皮影有很多讲究，爷爷以前还保留着一套当年做皮影的工具，之后因为搬东西而遗失了，想来十分可惜。听爷爷说，那一辈人（尤其是小孩和青少年）很喜欢看皮影戏，要是有人在村口搭个架子，来演段皮影，准能围上一大帮人。我们现在的青少年，也许会觉得这些东西很无聊，难以理解他们那时候的审美。这也是因为时代和社会不同了，一代人有一代人的审美观念。

  至此，我对于我的爷爷和"小玩意儿"的描述暂且先告一段落，像这样的类似于民间工艺美术的消失或转变，其背后不仅是一辈人的变化，更是社会和祖国的变化，它们是时代的印记。时至今日，这些印记还存在于我们的身边，当我们去挖掘它们时，往往能对那个时代和那一辈人有更深入地了解。之前有说过，因为它们小而有趣，我把它们叫作"小玩意儿"，如果把"小玩意儿"的概念附加上老的生产生活方式，即"小玩意儿"还包含着传统习俗、文化和生活方式等诸多概念，那么在我们今天的社会状况里，应该如何对待它们呢？

  旧的生产和生活方式，相对应的就是新兴的生产和生活方式，老的东西往往保留在农村和城市的老城区里，它们所面临的冲击，最大的莫过于城市化进程的影响，钢筋水泥掩盖了田野农舍，掩盖了小桥流水，掩盖了古树绿荫。

  对于距离我们更近些的传统的生产和生活方式而言，还是那句万年不变的老话"取其精华，去其糟粕"，至于如何做到，我觉得还是应当从小事做起，从自己家庭的历史变迁开始，在这个过程中，必然会发现老一辈人生活方式的可取之处。当我们成为一个有心人，寻找到自己身边的小东西，再挖掘出它们背后联系着的个人、时代和国家的事物，一方面既能了解到传统，另一方面又能听闻那些过去时代的记忆。

  那一辈人的经历不可复制，我们今天也难以去揣测或臆想，言语、老照片、老古董就是我们能接触到那段岁月的直接途径，看看这些器具，就像是听那一辈人讲他们那时候的故事。从"小玩意儿"看出这样的历史逻辑：一方面，无论是六神牌、寿桃印还是皮影戏，都是手工的生产方式，而当祖国经济发展起来，从生产力和生产技术的角度来讲，更快更先进的方式出现了，那么落后的方式自然就难有立足的空间。另一方面，是爷爷那一辈人之后思想的变化，接受新生事物远大于对老的事物的继承，所谓"旧的不去，新的不来"。

  "小玩意儿"的背后是国家的发展，国家发展的背后，是爷爷那一辈人的辛酸苦辣。"小玩意儿"，是见证，也是记忆。

李中诚

攀枝花一样火红的青春

1965年,我的外祖父考入大学,成为"文化大革命"前的最后一批大学生。1964年,为了备战备荒,党中央部署在我国中西部开展大规模国防、科技、工业和交通基本设施建设,即"三线建设"。而攀枝花则是三线建设的重中之重。外祖父大学毕业之后,便同全国几万的建设者们一起来到了攀枝花,从而与三线建设、与攀枝花这座城市紧紧联系在了一起。

我的外祖母在重庆度过了无忧无虑的童年。初中毕业赶上知识青年上山下乡,她选择去了荣县的石油队。为了响应毛主席的号召,为了一份更稳定的工作,也为了甜蜜的爱情,她和外祖父一道去了攀枝花。经过在师范学校的学习,她成为攀枝花的一名小学老师。

攀枝花是全国唯一一座以花命名的城市,当时只是云贵川交界处的一个不毛之地。1958年,地质部部长李四光向党中央汇报在四川金沙江畔发现一个大铁矿,说那里荒无人烟,只长着几棵攀枝花树。毛主席一锤定音,攀枝花这个名字好,既响亮又充满诗情画意,于是这个荒芜之地就被全命名为"攀枝花"。攀枝花又叫作木棉花、英雄花,花色火红——那火红,像极了那个火红的年代,像极了那些火热建设的劳动者们。

外祖父和外祖母刚到攀枝花,这里什么也没有。因为"先生产,后生活"的开发建设原则,攀枝花成了典型的"三棚城"(席棚、毡棚、草棚)。外祖父外祖母就住在席棚子里面,竹席铺地,四面一围,就成了住的地方,高温难耐的天气只能获得稍许的阴凉,一遇到下雨,棚子里到处是水。"三块石头架口锅,帐篷搭在山窝窝",这正是建设者们当时生活的写照。

外祖父在攀枝花钢铁厂工作。这是三线建设的重点企业,攀枝花的发展在很大程度上依赖于这座钢铁厂。外祖父先是车间里的技术员,后来成为车间主任。即使攀枝花酷暑难耐,但对于钢铁车间的人们来说,能在38℃的环境里待着就已经是奢望。在炼铁厂的车间,温度通常会达到70℃。一年四季都是如此,身上的衣服湿了干、干了湿,每天都有洗不完的汗水澡。就是这样艰苦的创业,使得"攀钢"成为我国西部最大、重要的钢铁生产基地,留下了宝贵的"攀钢精神"。

火红的攀枝花

外祖母就职于炳草岗二小。她的主业是数学老师,在那艰苦的环境里,她也教语文,当班主任。学校24个班,每班六七十个学生,这些孩子来自五湖四海,他们都是建设者们的孩子,外祖母见证了他们的成长。

我的曾祖母也是小学老师,教政治,后来成了小学校长。她是一名党员,即使在她生命最后的时期,她仍然积极参与居委会的活动,每天坚持学习党的最新理论,她用一辈子诠释了党员职责。

攀枝花发展最为迅猛的年代正值"文化大革命",但即使在动乱的年代里,劳动者们也一心一意搞建设,经济发展卓有成效。外祖父母们的生活环境也在不断改善,从席棚到瓦房到楼房,到了20世纪80年代,家里也添进了三大件——电视、冰箱、洗衣机。随着经济的发展,文化生活也丰富起来。外祖父在繁忙的工作之余醉心书画、盆景和兰花,外祖母爱上了缝纫,全家都沐浴在了改革开放的春风之中。

火红的攀枝花,红火的生活,红火的祖国。

吴 懋

坚守的土地，延续的精神

朴实温暖的东北，是我的祖辈世世代代打拼的天地，是我扎根的故土。幸运的我享受着现在丰富殷实的生活，在我未曾触碰那些陌生而遥远的故土记忆时，一直觉得祖辈们的岁月往事像是一个遥远星球发生的事情，很难有切身的感受，但翻开那些尘封已久的故事后，却让我倍感亲切。在不同的时代环境中，我们同样过着平凡的生活，同样饱含着对生活的热情，也同时会唏嘘慨叹，祖辈们的那个年代或许才是更纯粹、质朴、简单的美好时代，我的祖辈们陪着祖国共患难同成长，真正地见证了祖国的飞越。

小人物、大时代，不管处于哪个时代，每一个人都是那个时代的缩影。一户人家的岁月变化可以见证时代的变迁，反过来，也正是因为每个人脚踏实地的生活，才造就了大时代。李端清同志是我的爷爷，就像那个年代所有平凡的农民一样，是个再普通不过的角色，一个踏踏实实的土地劳动者，没读过多少书，也没有什么荣耀的英雄事迹。但在亲人的口中，我却仿佛触摸到了一个光辉岁月，生于斯、长于斯、安于斯，能够一生坚守的人就已经超越了普通的含义。

李端清同志是土生土长的东北人，而我自小在上海长大，我留恋我的城市生活，却也很向往大瓦房中一家人窝在大火炕上围着一锅"酸菜氽白肉"的生活。李端清同志念完小学后就随父母下地干活了，但他心里始终还是很惦念读书的，小学读过的那几本书被他小心翼翼珍藏了许多年，村子里的画报、公告，他也常常跑去认上一些字，念上几遍，一来二去，便成为家里消息最灵通的那一个。论起干活,李端清同志可是一把好手,手利索、人勤快,虽常常在地里忙前忙后,但他对于那些零散的活干得更是不亦乐乎。扒苞米、打苞米、筛谷子,村里人都喜欢找他帮忙,一天的量他大半天就能做完,有时候还帮人去拉村里的公用石磨,守着碾好了再帮人拉回来,实在省心。每逢秋天,他很早就到山上割乌拉草,用大布兜背回来,晾在外面的石台子上。等到晒干,他便用木棒捶打柔软,分给村里的老人,帮他们垫好塞进鞋里絮着,避免在东北严寒的冬天冻坏脚而生出冻疮。在冬天的时候又帮着村子里的老人赶着牛爬犁上山拾柴,我认为李同志是那个时代"绅士"的最好诠释。

我的奶奶董芩与我的爷爷李端清

李端清同志是在17岁的冬天,一个过年时节,与董芩女士相识的。那天是二月二,全村烤猪头、吃猪头肉的日子,李端清同志那时候还像个贪玩的小男孩一样,和村子里的男孩们趴在雪地里"弹流流"(玻璃珠),一抬眼望见了远处搓麻绳的董芩小姐。正值花一样的年纪,董芩小姐打扮得也十分靓丽。在严寒的冬天看见了"花"的那个懵懂的男孩,便自行跑回家,偷拿了两个家里刚出锅冻在外面石磨上的黏豆包，又奔出去，董小姐吃着香甜的黏豆包，他们便这样认识了，不久后便相爱了。在村里简单地办了婚礼，婚后的生活也十分平凡简单，可以说清贫而自足。李端清同志在家里那片土地上默默耕耘着，他的父亲年龄大了渐渐干不动了，这一片地的活儿便都落在了他的身上，闲暇的时候他也去田地里走走，把一支长长的旱烟袋握在手里或别在腰上。累了或休息的间隙，便坐在田间地头一处石头或草地上，把锄头放倒，然后从腰间拿起烟袋，在身边石头上敲掉烟袋锅里残留的烟渣，再把烟袋锅插到烟包里麻利地按上一小撮旱烟丝，慢悠悠地划着火柴把烟点燃，望着自己辛苦劳动的土地。等到地里的农作物丰收，奶奶也拿出用麻绳编好的草鞋，两人一起赶着车去集市卖掉用以维持生计。

就这样，李端清同志在他的土地上干了五十多年，一半的人生就在那片土地上过去了，直到老了，他也没把地包出去，时不时去地里遛遛，好像还在等待新作物的生长、成熟。李端清同志的一生平平淡淡，没有什么复杂的经历，尽管人勤快又懂事，村子里的人也对他赞不绝口，他始终也没成为什么光辉典范，也没有在什么文书资料上留下他的名字。只是在听人说起他时，会不断重复一句"他就爱待在他那片地上"，似乎这种默默无闻地坚守已经成了他生命的一部分。

祖辈们尽管也幸福温馨地生活着，但没有繁荣与安定的环境，他们并没有得到很好的个人发展。而如今，我们处于如此盛世，个人发展有了良好的条件，更应该继承祖辈们的坚毅品格去实现自我，为祖国贡献自己的一份力。我和我的祖辈走在不同的人生道路，可祖辈与祖国、我与祖国的关系是相似的，"一玉口中国，一瓦顶成家，都说国很大，其实一个家，一心装满国，一手撑起家，家是最小国，国是千万家"。作为祖国大家庭的一员，我定当像李端清同志一样，踏踏实实、勤勤恳恳，为社会、为国家默默地奉献。

李成硕

我的外公胡抗生

我的外公胡抗生1938年生于重庆，1961年毕业于南京师范学院（现南京师范大学），师从当时人称"南陈北马"的"南陈"——陈洪。外公曾是中国音乐家协会会员，曾担任连云港市音乐家协会副主席和连云港市赣榆县音乐家协会主席。"抗生"这一名字不难理解，意即出生于抗日战争时期，名字中强烈的时代色彩，也为他的整个音乐道路赋予了鲜明的基调。在由蔡楚生、郑君里导演的著名电影《一江春水向东流》中，女青年素芬与爱国志士张忠良生下的婴儿抗生，正是取自他的名字。1946年，外公的父亲胡金兆与夏衍同去上海接收《大公报》，正逢该剧拍摄，片中的名字"抗生"便由此而来。"抗生"这个名字，不仅代表了苦难的记忆，还代表了一种劫后重生的信念。

外公出身于革命世家。有一篇名为《千里救亡江文团》的文章记载了其家族革命者的血脉。1937年8月，后来成为革命先烈的江上青、陈德铭等人接待了到访扬州进行演出的上海文化界救亡协会的演剧三队。其间，江上青了解到上海文化界的救亡协会意义非凡，于是作出成立"文救会"的决定。"江文团"即江都县文化界救亡协会流动团，成立于重要的"文救会"基础之上。在轻装上阵的"江文团"踏上救亡之路时，陈德铭满怀信心地对其夫人说："抗战胜利之时便是全家团聚之日。""江文团"的成员们以演讲、音乐、话剧、绘画为武器，宣传抗战精神。不到一年，这一救亡组织不得已解散，根据党组织的安排，成员们均担任了其他职务。据外公的好友杜振东在自己的文章《名门之秀胡抗生》中的记录，在《千里救亡江文团》一文中，作者写到外公的父母，胡金兆夫妇在 1938 年 8 月，经中共安徽省委宣传部部长张劲夫安排，去了大后方重庆。之后，外公的父亲担任了重庆市教育局总务处长，在任职期间帮助了不少进步人士，其中包括郭沫若、田汉、夏衍等人。

集体大合唱

作为作曲家，外公的风格是激情四溢。在 1962 年时，他谱写出了名曲《赣榆是个好地方》，广受好评。在赣榆，这首歌就是那代赣榆人共同的记忆。据当时赣榆县的人说，这首曲子就是他们家乡的名片。多年来，《赣榆是个好地方》一直既是广播电台与电视台的"开场曲"，又是文艺演出中的保留节目。值得一提的是，李谷一在近三十年前到访赣榆参加活动时，也翻唱过这首歌曲。2016 年 10 月，中共赣榆区委宣传部主办了名为《赣榆是个好地方》的大型原创文艺晚会，作为开场节目，同名的歌舞表演为数千观众再现了其经典的旋律。在这首歌颂了赣榆优美的自然风光、勤劳的人民与改革开放英雄的乐曲中，作曲家与演唱者以深挚的感情，赞美着赣榆这片风水宝地。

在中华人民共和国成立十周年之际，外公创作了大型交响乐《渡江》，在南京鼓楼广场首次演出，盛况空前。据家里人回忆，演出当晚，他高高的个子，冼星海式的额角，洒脱而有力的手势让人印象深刻。1965年抗战胜利20周年，赣榆中学组织全校歌咏比赛，每个班级都要全部登台演出《黄河大合唱》。外公在各个班级彩排时，把五十余人分成多个声部。他说，只有这样才能唱出黄河奔腾咆哮、排山倒海的气势，才能唱出中华民族前赴后继、勇往直前的信念。到了后来，他的音乐创作日臻成熟，并于1995年出版了自己的音乐作品集《海港的深情》。

不过，外公大部分的音乐生涯都奉献给了教育事业。外公在1961年毕业后被分配到新疆大学，后又被重新分配到苏北连云港市的赣榆县。在那里，他成为赣榆中学的音乐教师，一干就是几十年。作为一名教师，他对学生和蔼可亲，真正做到为学生着想。外公常说自己特别怀念在赣榆中学的日子，他非常珍惜和学生们在一起的时光。在学生面前，外公能够一直坚持着把自己所学、所感同他们分享，而不是一味地进行"填鸭式"的灌输。外公说，他十分幸运能够遇见这么多可爱的学生。由于他一直都在中学教书，有的孩子正值青春兴盛期，身上可能会有令人头疼的问题，但是外公用了和自己作曲时相同的精力，去建设自己的班级，为少年时代的学生们当好了引路人。

柴梦原

请把这一切都放在你的肩上

从漫长的时间轴来看，祖辈们的世界与我们的世界有着截然不同的时代特色；从广阔的空间跨度上看，中华大地上的亿万人民群众在不同的生活环境有各样的生活状态。

我的祖辈没什么丰功伟绩，也没有什么光鲜值得夸耀的过往，但是我依然因他们而感到自豪。《隋书·房彦谦传》中书："尝从容独笑，顾谓其子玄龄曰：'人皆因禄富，我独以官贫。所遗子孙，在于清白耳。'"而他们所赠予我的便是发光的品质。

我的祖辈和当时他们所生活的地方的故事在我小时候就零零散散听到过，使我对那个困难年代的印象织起了一个大概的认知图景。这对我的生活、性情乃至爱好、理想都产生了潜移默化的影响。

爷爷的年轻时光是在老家安徽安庆的山中度过的，村舍被起伏的山丘支离成近乎一家一户的个体。时间的轮轴就在这样的一个交通不便的小世界悠悠转转。奶奶在爸爸两岁的时候去世了，爷爷自奶奶去世后没有续弦，独自拉扯大爸爸及姑伯4个孩子。沉默寡言的爷爷吃苦耐劳，乐观又自律，8点睡5点起，饭吃七分饱，每天还出去遛弯扭秧歌。节制的饮食习惯和规律的作息，让年过八十的他身体依然硬朗。因为爷爷的寡言少语和自得其乐的生活习惯，让我对他的过往知道很少。2015年暑假回老家的时候，我坐在云雾缭绕的徽州云山中，听家乡长辈给我讲了一个关于爷爷的故事。

在物资匮乏的年代，特别是收成不好的饥荒年，山中梯田贫瘠，难以糊口，爷爷便从山中伐木去县城换取粮食。那时平坦的公路还没有在山中修起，为了家里几个年幼的孩子的口粮，爷爷便肩扛着大木材下山走路进城。我很吃惊地看着爷爷，爷爷也只是咧着嘴笑，依旧不说话，脸上的笑纹里却全是幸福的感觉。爷爷体态瘦削，虽然常言"千金难买老来瘦"，但是这又何尝不是年轻时苦出来的。山路很难走，但是对于自小出生在山里的人来说，还是可以很灵巧地穿越山林从山谷下山的。有次不巧的是开始下雨了，山雨来得又快又急，一会儿便涨到了小腿又涨到腰，山洪袭来对于不会游水的爷爷是要命的事，哭爹喊娘是没用的，爷爷机智地把大木材放在水里借着浮力随山洪漂下山去了，直到上了大路。他继续扛着大木头进城，卖了钱，又乐呵呵地给家里的娃娃买了吃的。我盯着爷爷看，他用浓重的安徽方言说："莫讲！浸水的木头真沉好多哦。"现在的爷爷随爸爸和大伯在我的家乡青岛生活，每天忙得很，从来不操心小辈们的事情，其他人爱怎样怎样，他就每天手套帽子一戴跑去跳广场舞和扭秧歌了。

和爷爷相反，外婆就喜欢为她的所有子女小辈分担忧愁和付出关怀，关于最伟大的母性的一切，我都可以在外婆身上看到。我的外公外婆生活在山东青岛的一个小镇。外公外婆家孩子很多，加上母亲一共6个孩子，全家8口人吃饭生活都是难事，生活状态也可想而知。外婆经常说，以前计划经济的时候物资供给靠各种各样的票据：粮票、布票还有自行车票。特别是有几年闹饥荒的时候，野菜、草根、老榆树的皮，能不能吃都往锅里面下，村庄周边的树都只剩下木质部分而死掉。经历过饥荒后的人，普遍就对食物格外珍惜，只有在过年才会吃的饺子就成了他们生活中最庄重的食物，这比后来物质生活条件好了之后的大鱼大肉都更有特殊意义。

我与家人

外公在年幼的时候读过私塾，虽然后来中断但一直喜爱读书作画，属于自学成才的半个知识分子。我特别小的时候在外公家生活，那时外婆外公身体尚算硬朗，农忙时还会下地干活，我则在路边的阴凉儿里朝着天穹愣怔。

我的父母是普通的个体商人，他们不满足于土地对人的禁锢，一个脱离了大山一个脱离了村庄，来到城市自主创业。山沟沟里的人很少有像爸爸这样不安分的，天真倔强又顽劣。老爸说，在山中人的眼中天，是被山围起来的天，自己像是井底之蛙，能看到的就以为是全世界，画地为牢地将自己圈在里面，这里的人周而复始，一代代过着相似的日子。他觉得自己可以走出这个地方，看看外面的山和海。于是老爸来了青岛，认识了我妈，一个温暖而普通的爱情故事。爸爸妈妈通过他们的努力为我和妹妹创建了温暖的小康家庭，让我可以追逐自己的梦想。

如今，我为自己的梦想而努力，为我所热爱的绘画从地方考到了首都北京。作为新时代的青年人，我们有这一代人的责任与义务。我们的人生理想不仅仅局限于个人理想,也必须与这个国家休戚相关。我们要做的不仅是独善其身,而是接好历史正一步步地交到我们手上的这个世界,然后把它以更好的面貌交给我们的后辈。

储 嘉

风雪中的往事

"捏把黑土冒油花,插根筷子也开花。"我的家乡北大荒便是这样一片神奇的土地,这片土地非常肥沃,资源丰富,黑土层厚达1米左右,是世界上有名的"黑土地"。千百年来,这块丰饶的土地吸引着无数的"淘金者",从沙皇俄国到东洋倭寇无不觊觎这片神奇的土地,妄图掠夺这里丰富的物产和自然资源。但不知经历了多少个朝代,越过了多少个世纪,均未能在这里长久地停留。

直到20世纪50年代初期,在国家的号召下,一批批转业官兵、城乡青年、知识分子,约100多万名志愿者先后奔赴北大荒。他们克服了种种难以想象的艰难困苦:严寒、猛兽、高强度的劳作,一不怕苦,二不怕死,流血流汗向荒原进军。在这片亘古荒原上,经历了半个多世纪的艰苦创业,白手起家,终于把北大荒建成了如今富饶的"北大仓"。我的姥姥和姥爷就是第一代北大荒建设者中的一份子,我还未出生他们便已离开人世,在妈妈一次次的讲述中,他们的形象在我的脑海里渐渐丰满起来,并让我了解到这段充满艰辛和欢乐的岁月。

我的姥姥姥爷是四川内江人,他们在四川老家相知相识,后来姥爷参军,奔赴抗美援朝战场,在师部做统计工作。1957年,姥爷所在的部队按照国家的部署被调到黑龙江、乌苏里江、松花江三江交汇的冲积平原上驻扎,来到这里开垦荒原、屯垦戍边,一边保卫边疆,一边开荒种地。当时姥爷在乌苏里江畔的八五九农场码头招待所工作,东安镇的码头十分繁荣,不断有苏联货物运输过来。由于部队中清一色的全是小伙子,所以上级安排假期,让战士们回乡带着媳妇过来,统一给妇女们安排工作。1958年,第一批女家属来到北大荒,我姥姥就在其中。

姥姥刚来到北大荒,就被眼前的景象吓傻了。

当时有部电影《北大荒人》中唱道:"北大荒真荒凉,又有兔子又有狼,就是没有大姑娘……"当时盛传着"棒打狍子瓢舀鱼,野鸡飞进饭锅里",就是刚刚开荒时真实的生活写照。据姥爷讲述,那时候,荒原上荆棘丛生,野兽出没,人迹罕至,真可谓野兽和昆虫的世界。姥姥姥爷最早住在"地窨子"里面,所谓"地窨子"就是挖个半地下室,上面盖上茅草盖。据说当地的居民和猎人都这么住,可以抵御寒冷和野兽侵袭。后来才住上黄泥和麦秆筑成的土坯房。这里的冬天时间很长,棉衣要穿半年,过了中秋就下雪,断断续续,一直下到翌年5月,积雪一米左右,刮起暴风雪来推不开门,外出会迷路,掉进雪坑难以爬起来,赶上格外寒冷的年份,大雪能把汽车拖拉机埋没。作为一个南方姑娘,姥姥很难适应这里恶劣的气候,周边无遮无拦,风像刀子一样割在脸上,冬天滴水成冰,呵气成霜,"伸手冻掉指头,脱帽冻掉耳朵"。头发胡子眉毛全是霜,无论男女老少,全都"白发苍苍"。村里时常看见狼和熊瞎子,妈妈说晚上经常看到村里的男人们拿着火把聚集到村口赶狼。

1967年,姥爷因为地主家庭出身,成分不好,被派去清理边防,调到八五二农场开拖拉机。当时八五二农场主要驻扎的是南方兵团,基本是云南、贵州、四川的转业官兵和城市知识青年,也住着一些山东青年,南腔北调很是热闹。据母亲回忆,姥姥姥爷忙得整天不在家里,当时24小时全天作业,大家倒班干活。部队开荒时使用劳动竞赛的模式,哪个连队干活多少,谁获得了劳动标兵是大家最关注的事情。当时女拖拉机手也是情绪高涨,劳模标兵层出不穷。连队里人们相处都很融洽,邻里之间和气而友好,有困难的时候大家都会倾力相助,在雨天不能劳动的时候,哪怕有10分钟,他们也要凑在一起聊天说笑或者打打扑克牌。大人们没有时间照顾小孩,都是家中年纪稍大些的孩子照顾小些的孩子，采野菜、喂鸡、喂鸭、在家做饭、收拾屋子是每个大孩子都要做的事情，闲的时候都是全连队的孩子聚在一起玩。妈妈说那段时光自由而快乐：玩跳绳、打沙包、跳格子、跳皮筋、踢毽子，玩到天黑才回家。提到童年最快乐的事情，她说是部队"会餐"，每逢春播秋收，部队都要在大食堂做一顿丰盛的饭菜，在大礼堂开完春播秋收的动员大会之后，全连队的大人小孩都会去吃，红烧肉、酥白肉、鸡鸭鱼肉，平时吃不到的东西这会儿可以放开了吃，在大人开动员大会的时候小孩子们就已经在饭堂里穿来穿去，兴奋地等待大餐。

　　东北的作物是一年一熟制，庄稼收获之后，冬闲不种地就兴修水利，建水库，人们一个个挥舞着六七斤重的大铁镐，刨冻土。冻土层1米多厚，坚如磐石，刨起来叮当作响，一刨一个白点，手上磨出了血泡，有的人震裂了虎口，鲜血与手套冻在了一起，还有的人被崩坏了脸，崩伤了眼，仍然轻伤不下火线，在零下三四十摄氏度的严寒里干得热火朝天，汗流浃背，身上热气腾腾，衣服上却结了不少冰霜。那时的伙食还不好，很多时候只能吃玉米面窝窝头。至于蔬菜，漫长的冬季里只有土豆和白菜。由于天冷，咬一口窝窝头马上发白，吃到最后成了冰碴子，大家还觉得挺香，一顿能吃二三斤。有时有人也思念起温暖如春的江南故乡和曾经工作和生活过的美丽的西子湖畔，但每当想起这些的时候，就唱起了电影《三个战友》中的插曲："我不是不爱你呀，亲爱的故乡，为了祖国到处都是春天，才离开你呀到远方……"有些知青在奉献出青春年华后便回到老家生活，更多的人从此在这里扎根，将儿女也献给了这片土地。

　　这就是第一代北大荒人，虽然生活艰苦但是饱满而乐观，为了后辈的幸福生活而不畏困难开拓进取。时过境迁，我的家乡建三江垦区已从昔日的荒芜之地蜕变成为一片丰饶美丽之地，而在这片土地上挥洒下的热血已浇灌出了全国大粮仓，全机械化、智能化的编组作业让万亩农田的收割时间只需9天，这一个个奇迹的出现全依仗于当年天南海北奔赴而来的赤子的耕耘。作为一个生在农垦、长在农垦的第三代农垦人,祖辈坚韧不拔、顾全大局的精神始终感染着我,在我面对更广阔的世界时给我源源不断的勇气和力量。

布 桐

吾族与国

今思政课倡议写下祖辈与祖国之故事、与先人长辈之文章，诚惶诚恐，不敢妄议，唯有恭敬二字，写下感想。

幼时多闻长辈谈及宗族，何为宗族？吾谓之精神之传承，自尊之延续。祖父在世常言宗族，年幼懵懂，不解何谓宗族。见长辈做人行事，仅知家中长辈行事之风为家风，不知何为族风。自祖父辞世，家谱再续，返乡访亲，愈叹家系之深、族风之厚。将及弱冠，压力渐增，每遇挫，常以韩氏之后自勉，不可有辱家门，终有微绩，以告慰祖父之灵。

余以为，宗族不只谓血缘长幼尊卑，更谓以族为根，自强不息。今人多无宗族，小家散落，谈至祖辈，支吾不明。问遍同窗，家中尚存族谱者屈指可数，何况尚存族风者？言宗族为虚幻者，或已无宗可寻，或因大家阻小家之道，离于大家。诚然，宗族倘仅存长幼尊卑，以尊长之辈施淫威于后生，不如散落于无，不配以族存于世。然，族风有正气，族人有宗族之气，宗族之延续何难？血脉可断，精神难断，宗族之精神不断，何谈断绝宗族？父系桐木韩氏自北宋先祖韩亿起，家谱始于北宋南迁，南涧公韩元吉；母系芝英应氏与韩氏同源为姬姓，自东晋先祖应詹起，家谱始于明永乐年间。父系迄今八百年有余，母系迄今亦五百年有余，倘论宗族根源，近与中华同寿。先人披荆斩棘，薪火相传，历乱世无数，终至吾辈，可谓艰难，若无精神延续，恐难以至此。

家且如此，何况国耶？南涧公时，宋室南迁，其旧家故国俱沦于外族之手，于先祖固为亡国之耻，如稼轩于韩氏家谱序中言：

倘徼祖灵，恢复宋疆，殄灭金人，奠邱垅而成忠孝，则首邱愿遂，庶几世食先德矣！

虽宋为赵姓，然先祖爱国必同今日，非独因爱一君、一姓而爱一国，其心系之祖国乃中华百姓之国而非赵姓之国。祖父壮之，朝鲜战争舍身忘死于前线，九死一生，终得归乡。然祖父性情中人，耄耋之年仍心系祖国，见外国行不利于中国之事，多顿足疾呼。见中国如何领先于世界，多拍手称快。见祖父八十有余仍脚下生风，气宇轩昂，声如洪钟，不禁设想先祖姿态是否同样？

吾族与国源流深远，远甚于朝朝代代。余所爱之国亦是如此，百姓、万家之中国乃真正自始至终所爱，不论沧海桑田，世代更替。

韩承罡

附：韩谱旧序

谱，布也，所以布列其行事也。古人辩宗法，首大宗，小宗亦系焉。盖崇先而训后也。

一日，无咎（先祖南涧公元吉字）憩予斋中，因谕余曰：余旧家冀徙汴，其土宇浸沦辽金，痛心邱垄，历年多。所幸，蒙帝眷，官于闽，获免金难。尤幸偕昆季寓于信（信州），可续宗祊，不可不识诸简，端无忘首邱之意。

予非儒者，乌能文以饰其美也。大丈夫当自作祖，招魂而葬，遥望而奠，其意固自深。阙翁维者，罹元祐之祸，三代继武，乃见蚍于金者，与国同惨。兄元龙居怀玉，君徙鹅湖，得比邻盘桓者，与余同治。嘻！亦奇矣！特未知其从昆季所游寓，亦有余两人者叙与否也？

兹以小宗法序之,鳞比于图,后嗣披览,如聚一堂之上。倘邀祖灵,恢复宋疆,殄灭金人,奠邱垅而成忠孝,则首邱愿遂,庶几世食先德矣!余何敢饰美为文,聊以志一时同患意尔。

宋乾道元年乙酉十月之望

浙东安抚使历城辛弃疾幼安撰

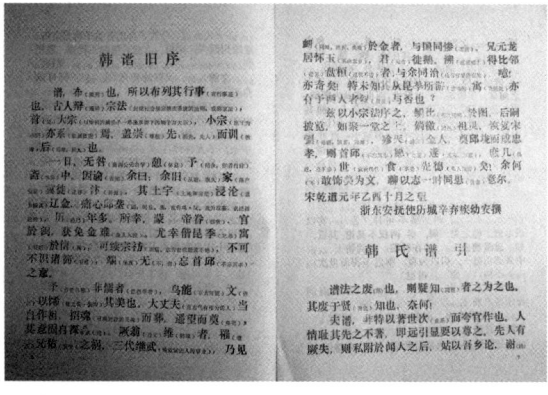

家族图谱

传承故事——跨越疆土的交融

一

何谓祖辈？七大姑八大姨自然是算不上数。词典说，"先秦之时自祖父以上各辈尊长均俗称为祖"。然而"祖父以上"的各位列祖列宗们我是见也没有见过，所以姑且从祖父这辈讲起。

说起祖辈与祖国的关系，在我的家庭里还真是大有故事。我亲爱的祖父与祖母，从山东来，到大连去，是土生土长的中国人，与祖国有着不可隔断的联系。而我同样亲爱的外公与外婆，从鸭绿江的那边来，到鸭绿江的这边去，加入了中国国籍。

家庭背景截然不同的祖辈们的相遇，碰撞出了火花，组成了家庭。

二

20世纪40年代的中国——经历了抗日战争的胜利，开始了解放战争。这是一个动荡的年代。

她伏居在黄海、渤海之间，三面环海；这是山的城市，是绿的城市。满族人称其为"大连"，即"海"。我疯狂地爱着这个城市，我喜欢随意能望见的山，我喜欢静，我喜欢老虎滩的大雾，喜欢青泥洼的呢喃。于我这是我扎根生长的家乡，而对于祖父，这里是战败落难逃离的伤心之地。

祖父生于抗日战争进入极其艰难时期的1941年。农业合作化时期小学毕业，1958年人民公社化运动时期应征入伍成为海军战士。后来成长为军医，被调往大连，服役30年，退役后进入地方工作。

家人合影

祖父是文化人，写得一手标准的药方字体。祖父又是军人，眼神如鹰一般锐利。唯有见到我们几个，嘴角才会上扬起一个小小的弧度。他掰着手指教我算属相，拿着医学书教我辨识疾病，淡淡地不冷不热，气场颇足却又会与我顶脑壳，我一度认为所谓不食人间烟火也不过如此吧。然而祖父又是有血有肉的，年前我们欲回老家，祖父却生病住院了，在病床上竟抹着眼泪说："再也回不去了，再也回不去了。"我也跟着哭，哭的不是祖父身体不好经受不了长途奔波，而是震惊祖父居然会流泪。羁鸟恋旧林，池鱼思故渊，离家后方体会到思乡之痛。

三

涓涓的鸭绿江自长白山南麓发源，淌过延边流经丹东进入大连，细细的线将我与长白山能歌善舞的民族连接起来。鸭绿江以东是朝鲜半岛，渡过江来是延边，那是外公与外婆漂泊的地方。

1933年，迫于生计，外公的父亲跨江来到中国境内，扎根于延边。移民大军中，也包含着外婆的祖孙三代。不同的是外婆家境殷实，移民后外婆的父亲成为名噪一时的陶瓷艺术家。外公外婆是中学同学，早早地心生情愫。尽管"文化大革命"期间外婆的家族背上了"成分不良"的帽子，外公仍义无反顾地娶了她。外婆的父亲于1976年去世，从此家道中落。除丧父之痛外，外婆也承受着从养尊处优的富家小姐到贫困潦倒的巨大落差。天无绝人之路，外公读了大学，夫妻做了小生意，生活渐渐步入正轨。我的母亲从东北师范大学毕业后，跟随着作为学长的父亲来到了大连，外公与外婆收拾家当，也搬了过来，开始了后半生的生活。

外公外婆过了一辈子的苦日子，为母亲与舅舅带了半辈子的孩子，默默地为家庭付出。外公外婆在大连住了半辈子，70岁高龄才搬回了延边，那里有我们为他们购置的生平第一套自己的房子。二老坐了一天一夜的火车，只是抱着弟弟沉默地看着窗外，看着将去的方向，望着他们的家乡。

四

写祖辈的故事，心里有些许难过。我其实和外公外婆语言上有些许不通，从未与他们促膝长谈过，也从来不知道这些过往。老人终究要回到故乡去，故乡是每个人心中最柔软的地方。我的祖辈与我的祖国，是浓浓的归属感，是藕断丝连的执念。

韩雨晴

我的家乡

我的祖辈生活在广东省中南部，珠江口东岸，东江下游的珠江三角洲——东莞。

她是工业大城，是"世界工厂"，是全国文明城市……就是这样一个地方，有着1700多年的历史，是岭南文明重要的发源地，中国近代史的开篇地和改革开放的先行地，她孕育了一代又一代的东莞人。很庆幸我出生在这样一个地方，被这里的水土，这里的文化滋养着长大。浓浓的岭南情怀，在我们每一代人身上流淌。时过境迁，这里也从一个满山遍野都是稻谷地的小县一步步成为一个高楼耸立的城市，但历史总是会在这个城市慢慢成长的过程中埋下记忆，虎门销烟、沙角炮台、威远炮台、可园……西城楼大街、振华路、骑楼……即使是飞速发展的今天，我们也会时不时地回到这些地方，回顾历史，怀恋故人。记忆中，我的爷爷奶奶、外公外婆在我小时候常常向我诉说起他们儿时的故事，拿出他们仅有的几张照片给我看看，虽然遥远，但却亲切，虽然我不能体会到他们生活的酸甜苦辣，但却感受到了属于他们那个年代的气息。

一、属于奶奶的城

我的奶奶，出生于20世纪40年代的农民家庭，当时的中国，还处于抗日战争时期，奶奶的出生，对贫苦的家庭来说是很重的负担，又因是女孩子，自然要看得轻些。所以小时候的奶奶，没有得到家里多大的重视，小小的身板就已经承受起不属于她这个年龄所该承受的重担，4岁就随着姐姐（我的大姨婆）一起做家务，煮饭、料理全家上下的生活，而那个时候的外曾祖母要么是在种田，要么是在生产队里工作，根本没有时间去照管自己的孩子。等到我奶奶该上学的年纪，家里尽管不太愿意，但我的外曾祖父母还是让我的奶奶上了小学。

记忆中，奶奶对我说过让我印象深刻的一句话就是："虽然我对我的妈妈没有多大的印象，但是我很感激她，因为家里一直很穷苦，但是她一直坚持让我上学，让我读书，虽然到三年级我就放弃了，但那是我自己的选择［外曾祖母的原话："我没有不让你（我的奶奶）读书，是你自己不要读，以后出来了不要怪我。"］所以这就是我在教育你爸爸的时候，也一直坚持着让他继续学业，不要放弃求学，即使是对你，也一样。"上了三年学的奶奶，认得一些字，也学会了一些算数，算是可以出来谋生了。每天看着这个纷杂的世界，单纯地、无杂念地干着农活、家务活，但也会担心没有柴米的日子。

中华人民共和国成立后，奶奶的生活也开始好转，她被分配到一个爆竹厂的生产车间，开始了她的手工业活计，一干就是30年。在她18岁那年，在我的奶奶还是一个青涩的小姑娘的时候，我的外曾祖父母无法摆脱旧的封建迷信的思想观念，有一个算命先生对着他们说我奶奶必须在18岁那年出嫁，离开这个家，不然他们全家人都会有不幸之灾。无奈之下，我奶奶硬着头皮结了婚，嫁给了一个比她大十多岁、只有一面之交，且没有任何浪漫情怀的男人，那个人就是我的爷爷，或许这就是那个年代的特点吧。没有什么嫁妆，也没有什么彩礼，甚至连照片都没有，唯一有的是存活在奶奶脑海中的记忆。20岁，在物资还不丰饶的年代，奶奶有了她的第一个孩子。即使是现在，奶奶也会时常说我们娇气，说我们经不起风浪，吃不起苦。现在的我们，怀孕了，全家上下围着转，紧张得不行。而那时候的奶奶，即使身怀六甲，也每天起早贪黑，上班绝不迟到早退，永远走在最前面，即使很累很辛苦，也从不吭声，没有人会特别照顾你。爷爷工作的地方比较远，一个星期顶多回来一次，两个家，一份工资，还有肚子里的孩子。生孩子那天，奶奶还是照常上班，等到下午3点钟下班了，自己走去诊所，因为条件不允许她娇气或者抱怨……我已经想不出来什么词可以形容这种状况了。

每当奶奶跟我说起她年轻时的生活，眼里常含泪水，现在回想起来也满是感慨，说她自己也不知道是如何走过来的。即使是生完孩子的第二天，胡乱地喝了一些水煮的米汤，就立刻回去干活了……她生了3个孩子，并且靠着自己的双手把他们抚养长大。当时闹饥荒的时候，没有足够的粮食给三个孩子，自己把车间的午饭省下来留给孩子们。

家庭给了她生存的勇气、力量和责任。过去的人总是那么的坚强，坚强得让我心痛，坚强得让我觉得此时此刻的我，在他们面前是多么的脆弱。一个时代总有一个时代的记忆，或许这些艰辛的背后，正是他们那个时代留给他们的最好的礼物吧，让他们总能在这样不安的生活中寻找到生存的真谛。虽然也会去抱怨，也会感到不满，但是他们能够经得起这种挑战，经得起这样的历练，能在这样纷乱的生活中找寻希望。

改革开放后日子过得舒坦了许多，中国发生着翻天覆地的变化，我的家乡自然也卷入了改革的潮流。虽然人们的生活水平提高了，但是在这些老人家记忆中的街道却寥寥无几了。奶奶曾不知所措地跟我说："这里的变化实在是太快了、太大了，我常常迷失在这些高楼大厦里，走在街上都不认得哪是我以前的家了，我还是想回到过去那个熟悉的东莞去，这儿对我来说太陌生了。我怀念以前的味道。"或许，每一代人对于一座城市的情怀是很不同的，这也就是为什么说"一代人，一座城"了吧。

二、属于外公、外婆的城

我的外公出生于20世纪30年代,由于家境贫穷,9岁才去上小学,或许因为特别珍惜上学的机会,从开始就非常的努力用功。别人在做手工,他却拿着课本不放,因为自己的努力和勤奋,所以一直很优秀,老师们看在眼里,于是他就被选跳了一级,因而小学只花了5年的时间。

在小学,在那个动荡不安的年代,在那样一个战火纷争的地方,我的外公说他每一天都过得惶恐和不安。日本人在东莞到处设有岗亭检查路人,所有平民见到他们都要向他们行鞠躬礼,有人鞠躬的动作稍微不标准就被随意杀掉,将砍下来的头一个个放在木板上排在岸边,身体扔到河里。那时候,弱小的外公常远远地躲在角落里胆怯地蜷缩着,不敢去看一眼。日本侵略者还会经常欺凌老百姓。有一次,我的外公亲眼看见自己的邻居受凌辱。日本士兵要求路人在岗亭前踢腿,每踢一次要划横线做标记。邻居踢得让他们不满意,他们就直接拽着他,在桥墩上将他推落到河里,河里的水浅且布满淤泥,那人便被摔得头破血流,满面烂泥,日本士兵却在桥上看得哈哈大笑……太多太多让人悲痛的过去,以至于外公回忆起来的时候眼里也泛着泪花。外公的童年,就是在这样不安、惶恐中度过的。

等到小学毕业,家里实在是太困难,没有可以继续支持他上学的费用,于是14岁的他只能跟着哥哥去广州做厨工,挑水、砍柴、做杂活。胆战心惊地上完小学,原本让外公以为一切会随着抗战的胜利好转,但是,当时适逢国民党大部队溃败逃离大陆,国民党残余部队到处打、杀、烧,吓得当地老百姓不敢迈出家门一步,生怕出去了就回不来了。

我的外公是一个勤奋又好学的人,从一个小小的厨房杂工,到竹器手艺人,到参加供销社,成为单位的积极分子,再做到财务,最后成为二竹器社主任。每一步都极其认真、脚踏实地。"文化大革命"爆发了,因为有亲戚在香港,外公因此备受牵连。红卫兵批判外公是"走资派",又说他去土豪商人处交易谷圩，而被捏造成土豪势力，拉出去批斗、写大字报……即使是这样，外公还是坚强地挺了过来，一步一个脚印，靠着自己的实力让自己的生活变得更好。

  我的外公，比我的奶奶经历得更多些，自然体会得也更深刻些，他总是喜欢含蓄地表达自己的情感，低调做人，高调做事。这些经历，虽然发生在我外公身上，但是这也是时代的烙印、时代的气息。勤勤恳恳，兢兢业业，这种气质也在我的父母身上流淌。

  一座城池，一朝一夕，一代人。

  轻轻走过这代人的岁月，惊起了他们的记忆，泛起了点点涟漪。走在家乡的路上，似乎还能看见昨日的斑驳。我思考着，回忆着，我出生在了这样一个恰到好处的时期，所有的事物如雨后春笋般生长着，我可以接触到任何我想的。这座小城正以自己的姿态成长着，她既繁忙，但又可以让人有喘气的时间，她有她的节奏，她有她的韵律，也正因为是这样，所以我更加珍惜待在她怀里的时光。她很坚强，可以顶得住任何的磨砺，她又是那么的脆弱，让人为之叹息。这就是我的祖祖辈辈生活的地方——东莞。

叶嘉仪

在南京，在山水城林

一部《红楼梦》让多少文人在金陵面前自知而止步，庆幸自己不是什么写手，不必计较每个文字后面的分量，更无可能扰了十里秦淮的旧梦。索性走走画画，一路记下，权当一个留待耄耋之年讲给儿孙，哄其入睡的故事。

十里秦淮

祖辈都是老南京人，一辈子住在秦淮河边的乌衣古巷，我的记忆也从秦淮河开始，秦淮河就这样在我的记忆中静静地流着。从古到今，流过南京的满地繁华，河水浓腻而深绿，照见两岸古树白墙。每家的屋檐下都挂着半旧的红纸灯笼，傍晚即上灯或摇桨，桨声灯影里的秦淮河恍如隔世，那是它从古到今最迷人的模样。几只画舫静静地泊在河边，泊在微微荡漾的时光里。仿佛听到歌者在轻轻地唱，歌声缠绕在每一片青碧的叶尖上；仿佛看到舞者慢慢地舞，舞姿盘旋在每一线袅袅的雨丝上。

外公的母亲生于那个最黑暗的时代，战火纷飞的南京城中，乌衣古巷便是她的藏身之处，她是那样与世无争，这也许就是南京人骨子里的淡定从容之气吧。也许是来自秦淮河水的涓涓滋养，这里的人们总是显得散漫而安逸。这也是整个城市的气息吧，和其他众多古城一样，南京在城市化建设中已渐失古意，但刻在南京人骨子里的那种古老、高尚、飘逸和不可言传的美丽，却一直存在。南京——没有言说，却早已倾心。

法国梧桐这个名字也是极致浪漫，又浸染了秦淮河千年的脂粉香，让整个南京城都显得甜蜜有情意，这倒让这座故都摆脱了历史的重负，往日的刀光剑影、荣辱兴衰都被这现实的恬淡荡涤得清澈无华了，这是在其他古城中极少见到的。不像北京，每一寸土地都彰显着帝王之都的现在与曾经，历史成了城市的标签，过于炫耀了。不像西安，灰色的城墙围住了昨天，也困住了今天，历史更如同枷锁太过沉重。想来，梧桐真的是不仅成就了自己，也成就了今天的南京。每每回到南京，看见路旁成荫的法国梧桐，心底是前所未有的安宁。往日的旅行常未免有些急功近利，风风火火的走马观花显得浮躁。可走在汉中路上的那一刻，梧桐相抱，五月暖阳，着实醉人。

　　初春的南方，莺歌燕舞，花红柳绿，温暖和煦。南京莫名的亲切感，是燥热与安逸。道路两旁，梧桐不似盛夏时节那般绿荫婉婉，空中倒多了些腻人的茸黄色飞絮，不经意它就落于肩头。从鸡鸣寺一路走来，绕过明城墙，便是五洲公园。现在它叫玄武湖公园，但那五个洲子还是依旧别致地镶嵌在湖中央。春季，玄武湖的水平添娴静，春风起，不安分的泛起涟漪，不得不叹春季的短暂，但这个季节的养分却在南京城里发挥到了极致，到处都充盈着复苏之息。朱自清说："南京是值得流连的地方。"确实这般。在南京，可以慢慢地行，也可以在朦胧的夜晚乘一艘船赏赏那秦淮风光。

　　此时鸡鸣寺门前的株株樱花已然谢去，但我可以想象几周前那里的唯美与浪漫。寺庙里香火袅袅，祈福的人们络绎不绝。我也于这喧闹中静下心来，站在寺庙的高处楼阁，虔心祈祷，愿家人平安自己安好。从鸡鸣寺远眺便是台城了，想起那句"无情最是台城柳"，倒也为这单调的城墙多了些沧桑与厚重，让人们无尽遐想。

　　南京的先锋书店总是营业到午夜零点，这里没有一扇窗户，却从钢筋混凝土里满溢出醇郁的咖啡香和芬芳的书香。当夜幕降临，仿佛置身巴黎街头、普罗旺斯、塞纳河畔……门口无数的迎春花正相互簇拥、满满地开着，等待青春的浪漫。在这座古城的夏夜，这里开了一扇窗、亮了一盏灯。这里就是天堂的模样，流浪者的床榻之乡，乡愁的孤独是美丽的，是最后一个吟游诗人的歌。

入夜微凉，华灯初上，去湖南路吃个饱，去新街口逛个痛快，去秦淮河感受一下幽幽河水映衬着斑驳灯影，恍如隔世的境界……夜渐深，南京起风了，微凉。离开南京后，剩下的只是想念那些日子。不知道什么时候还会踏上这片温暖的土地，我希望不会太久，江南风景如画，最忆是南京。

风雪夜归人

窗外不知何时飘起了雪，轻轻柔柔，漫无声息地落下来。没有连绵起伏的大山，没有渐沉渐远的落日，也没有破旧低矮的草屋，风雪也并非遮天蔽日，迷人双眼，我却无端想起很小的时候背过的一首诗："日暮苍山远，天寒白屋贫。柴门闻犬吠，风雪夜归人。"以前觉得这意境是极好的，甚至还有些指剑江山的侠气。漫天漫地的风雪里，林间草木都已连绵不清，一人蓑衣斗篷，孑然一身，迎风而行。不远处有一方矮旧的木屋，被白雪覆盖了大半，门前栅栏都已不见。木屋窗内却有盏黄晕的光，那人便是要奔着那点温暖去了，许是去赴一场故人的旧约，又或许是赶着与亲人团聚一堂。桌上有酒，红泥小火炉，正冒着袅袅热气，桌边有人，能饮一杯无，等着他一话世事沧桑。只待他匆匆推开门，迎他的便是一室的酒香与熟悉的面容。殊不知，最美不过风雪之夜，有一个归处，最好不过一词之音，回家。

代代幽香

1928年，南京种满了梧桐树。很多年以后，这座城市有了一个绰号，叫"旧都"。之所以选用梧桐树，是因为孙中山先生长眠于南京钟山。不得不说南京是个有着帝王之气的古都——六朝十国,南京深刻沉淀着王气,种种变迁,南京一直见证着中华民族的一波三折。要说饱含最多历史的,只有明城墙。诸多门洞之中,最值得一说的就是中华门。中华门不远处的长干里,就是南京城建史的开端。更重要的是,中华门见证了一座城市的兴衰荣辱。1937年,抗日战争全面爆发。虽然有抗日将士浴血奋战,固守南京城,但一座孤城又如何守得住?南京沦陷了。当日军来到南京明城墙最大的瓮城——中华门时,他们也畏惧了,因为他们知道这里有三道瓮城,可以"瓮中捉鳖";这里有27个藏兵洞,可以屯兵三千。心虚的日军不仅观察半天,还放狗进去探测才有胆进入南京城。震惊中外的南京大屠杀由此开始,中华门上雄伟的镝楼在侵略者的炮火中只剩下了残壁断垣,仿佛是民族耻辱的纪念碑。台城,是南京城墙中保留最为完整的城墙段。古往今来,文人墨客最喜登临城上。东可眺望钟山龙蟠苍翠,北可赏玄武湖十里烟柳,南可观九华山塔影婆娑,西可览鸡鸣寺黄墙青瓦。唐代诗人韦庄有一首同名诗,通过对台城景色的描述感慨六朝粉黛:"江雨霏霏江草齐,六朝如梦鸟空啼。无情最是台城柳,依旧烟笼十里堤。"

说到梧桐树,不得不提到南京人颇爱桂花,称南京路路有桂、院院有桂、无园不桂,一点也不过分——南林大、玄武湖、雨花台、古林公园、鼓楼公园……成片种植的桂花,尤为壮观。在这样一个满城飘香的季节,桂花鸭、桂花糯米藕、桂花糖芋苗、桂花糖炒栗子、桂花糕、桂花酒、桂花茶,吃货们怎么可以忘记呢?南京,这座城市,有太多的底蕴芬芳隐藏在这些熙攘之中,宁静须自取。傍晚坐公交在明故宫站下车,去看一看那段残墙,满阶满地无人打扫的落叶,青苔长满刻着字的城砖。上得城头,看萧瑟的柏树,看柏树掩映着的落照。那时,风刮来六朝的味道。去朝天宫博物馆看看,馆外的小公园里,或许会有一个老人和几个孩子一起弹吉他。白石栏杆上晒着白菜和被褥,有一种真切的生活的热闹。里头的百年银杏丈高芭蕉,雕栏玉砌应犹在。馆里有一块绣着莲花的帕子,一方小亭旁的假山上,对弈的两个瓷人又落满了尘埃。去鸡鸣寺找一找那尊倒坐的观音像。"南朝四百八十寺"的首刹，经历千年风雨，热闹也落寞，香火味熏得人泪眼迷蒙。顺便一上台城，百顷衰草，万里江天。去燕子矶头坐坐，那些关于长江的诗歌亦会如江水般汹涌而至。伴着那些千古风流人物，伴着那些历史的细节和诗词中的情愫。沿着长江走，上溯，或顺流，天地之广阔，让人自惭形秽。去看看"总统府"，在这里，你或许会想到曹雪芹，想到洪秀全，想到民国的那段往事。从刚进门的"天下为公"，然后一进院一进院地看下去，或许会渐渐看到信仰背后的野心和欲望。看到女人的柔弱与刚强，看到战火和大旗。会想到许多镌刻在青史上的人物。才子与豪杰，我向来更喜后者。

　　南京，一个太容易先入为主留下印象的城市，也许会有些令人失望。但请记得，去寻找——记忆与向往。

吉子艺

薪火相传

爷爷从事艺术工作五十余年，如今可谓造诣颇深。当我系统地整理爷爷的速写、素描、油画、国画之后，爷爷的艺术脉络便清晰地展现在了我的眼前。爷爷的骨子里流淌着一个农民的血液，质朴、单纯的为人和性格常常为朋友所乐道。这种品质使他的作品呈现一种朴素的气质，加上他敏感的天性，使得他各个时期的作品在当下都显得那样纯净、天然。

从我记事起，就着迷爷爷的速写，还尝试着模仿他作画时的自由状态，在家里的墙上胡涂乱抹。现在再来看爷爷的速写便有了自己的判断。那随性而至的线条在画面上自由地流动，既有西画所要求的人体结构的严谨，又有随着感觉在画面上自由涂抹的情趣——竟能于错综复杂的线条之中发现某种所谓艺术的准确性。在写实主义艺术主导画坛的时代，爷爷敏感地意识到只有那样画才会更有意思，于冥冥之中感到那就是艺术的本体。爷爷的素描肖像，没有所谓的炫耀笔触，却有着对人物结构的深入理解与准确把握，忠实地记录着那个时代普通民众的精神状态。在今天看来，这些速写、素描已经不期然具有了那个时代"形象文本"的意义。现在留存的很多邹平山村的水粉风景写生、生产劳动场面水粉写生也都非常生动。这些作品除了文本意义之外，还渗透着一种浑然天成的朴素的品质。

20世纪80年代中期爷爷开始涉足国画领域。由于拥有西画的基础，爷爷对于物象的造型、色彩的运用都有着内在的自信。他利用对水墨与宣纸所接触的互动性的微妙把握，将水墨的色彩韵味发挥得淋漓尽致！由于多年积累的速写基础，爷爷速写中的自由、奔放、洒脱的特质自然迁移于水墨作品。临摹作品《劲风》就是明显的例证。无论人物与马的造型还是被风吹起的柳条的动态皆表现得恰如其分。最让我欣赏的是跳跃的笔法将画面中的各个部分连接为一个不可分割的整体。人在风中飘然游走，无形的大风跃然纸上，一种"大风起兮云飞扬"的诗意浑然诞生。爷爷这种书写似的语言所暗含着的抽象性，对正在涉猎中国现代绘画领域的我提供了启示。

前几年，爸爸给爷爷办了个展，那时爷爷已经是重病在身，但是爸爸还是想完成他这一生最想做的事情。爸爸曾在展览开幕时说："画展的初衷是将父亲几十年的艺术成果，在他自己的故乡呈现于父老乡亲面前，我想这是一件多么令他快乐的事情。本不期冀他的作品会有更大的突破，然而随着对他作品的整理，我忽然发现父亲近年的国画与书法已经在悄然无息中有了自己的面貌，达到很高的境界。在我的记忆中，父亲经常不自觉地感叹：'现在能画大写意的艺术家实在太少了！'但他却乐此不疲、几十年如一日地坚持了下来，在他内心深处好像一直在等待着什么，或许他相信有一天会有自己新的发现。而我认为这种新的发现已经成为一种现实的存在。父亲很不善于类似笔会的应酬，他只是在画室里不知疲倦地创作自己的写意和潜心自己的书法。父亲经常直接临摹众多美术刊物上发表的国画家精品，吴昌硕就是他的最爱，此外还有徐渭、任伯年、八大山人、石涛、潘天寿和刘国辉等，他都非常喜欢。即使是当代一些年轻名家的优秀作品，他也稍加变通，加以临摹。这对于我这个搞油画的人来讲是不太赞成的。我经常好意地劝说他要多加创作，少去模仿别人。他每次都是嘴上答应，行动上依然我行我素。当我看到他近年来的作品时，我意识

爷爷的作品《二泉映月》

到当初我这个建议的幼稚。父亲所走的艺术道路是一条日积月累的苦修之路，他像一位勤劳朴实的农民一样，不知疲倦地在绘画艺术的土地上忘我地耕耘。即使是同样的题材，由于笔墨层次的不同和修养的高低却可以分出境界的高下。我终于明白，中国写意艺术的难度与高度已经不是题材的问题，而在于笔墨所传达的精神深度，以及相伴的笔墨力量。没有几十年的技术历练、几十年的生活修养和深刻的生命体验，就没有中国画所具备的精神性的笔墨。有了这样的笔墨，有了这样的精神，哪怕是几根兰草的线条也已经是老辣、饱经风霜的。父亲近年的'墨竹'系列与'兰草'系列就具备了这样的笔墨，使得艺术与自己的生命产生了连接，从而以一种个人英雄主义的方式赋予了他的国画艺术以新的生命！"

为什么爷爷能够在一种无意识的状态中由西画转向国画呢？我除了佩服爷爷的艺术天赋之外还暗自猜度，这或许与老家邹平的地域文化和历史存在着某种渊源。在邹平的历史上有被后人尊为圣人的秦国博士伏胜；有写下"先天下之忧而忧，后天下之乐而乐"名句的北宋丞相范仲淹；有隐居邹平长白山的清初诗人张实居；有在邹平开展乡村建设运动的现代大儒梁漱溟等。作为齐文化氛围下的邹平地域，有一批书画艺术的爱好者，特别需要提及的是爷爷的老朋友、我所崇敬的书法家郭连贻先生。先生深湛的书法和他质朴无华的儒家人格浑然一体，书法艺术造诣之深已经远远超越了邹平一域。从郭先生那里我发现了爷爷的影子，正是由于这些在艺术与精神层面进入传统文化中去的富有传统知识分子良知的先生的存在，邹平的"书画之乡"的美名才不会妄称！现如今的邹平已是一个"被高度工业化"的小城。与中国的许多地方一样，人们在一个社会性的利益圈里往返奔波，与自然的距离越来越疏远，传统文化中"天人合一"的景观已无迹可寻。面对如此的景象，一个自觉的知识分子会有怎样的作为呢？工业文明所带来的创伤，或许在邹平这样的山地与平原的交织地带能够得到修复。

爷爷就这样在不同的时间踏入了两条河流之中，但是老家邹平这方水土深厚的文化底蕴使得这两条河流发生了某种有趣的关系。特别是爷爷晚年的国画创作已经超越了中年时期的西画造型基础阶段，进入了精神与水墨形式语言关系的探索中。当自己的生命自然地融入那宣纸和毛笔接触的互动中去时，一种新的艺术的境界就在无声无息中悄然形成了。

在邹平这个山地与平原共存的、工业文明剧烈发展的县城里，还会产生什么样的文化呢？这是我时常在思考的一个问题。郭连贻先生与爷爷这一代人，依然沉吟于传统的书香墨色之中。中国古代文人的余脉尚存于他们的人格与作品之中。我不知道几十年后，当农业文明成为一种历史的时候，当我们要去追忆邹平传统文化书香的时候，对于邹平土地上的这一传统文化余脉的痕迹还能到哪里去追寻？

在整理爷爷旧作时，我意外发现了爷爷年轻时在北京天安门前的旧照，几幅在基层从事群众艺术工作的合影，几幅那个年代野外写生的珍贵的黑白照片。那时的爷爷真是英俊潇洒！爸爸说，当年爷爷以山东省第一名的优异成绩考入山东师范大学绘画系首届本科，当他刚刚收到录取通知书时，还正在老家肖镇的屋顶上修理房屋，兴奋激动的心情使他一下子从上面跳了下来。使我意识到绘画已经成为一种家传的事业，经由爷爷传递给了父亲，父亲传给了我，这也许就是"薪火相传"的含义吧。

崔 昱

钢铁动脉

我的姥爷出生在工人家庭,姥爷的父亲年轻时为了抗击美帝国主义侵略,保卫祖国,在 1950 年参加了抗美援朝战争。在战火纷飞的朝鲜战场上,冒着敌机的轰炸和敌特的破坏,抢修铁路和桥梁,多少次出生入死,为了抗击美军保家卫国,将自己的生死置之度外。在朝鲜战场艰苦奋战了三年多,抗美援朝胜利后,姥爷的父亲与其他志愿军战士一样为了建设祖国,从事新线铁路建设,走南闯北,为祖国的铁路建设无私奉献。

姥爷的父亲抗美援朝后与战友的合影

我姥爷在6岁时就随他父亲一同走南闯北，他父亲在哪里修铁路，姥爷就跟到哪。新线铁路职工生活艰苦，随队的职工家属住的都是帐篷、土坯房，姥爷在走南闯北的过程中锻炼了不怕苦的性格，尤其受到了父辈的熏陶，子承父业。

1963年，16岁的姥爷刚初中毕业，也参加了新线铁路建设，当了一名筑路工人。刚参加工作修的第一条铁路，就是大兴安岭的牙林线，在那里冒着零下三四十摄氏度的严寒在野外施工，冬天只能住棉帐篷。那时三年困难时期的影响还在，生活非常艰苦，粮食大多都是从农民那里买的留着喂猪的土豆和一些杂粮。当时机械化水平很低，只能靠人拿肩扛，劳动强度很大，吃尽了苦头。但为了改变国家贫穷落后的现状和响应"四个现代化"建设，姥爷和其他铁道工作者不怕流汗地忘我劳动，经过几年的努力，牙林线最终竣工。牙林线修好之后，沿线经济得到了发展，东北边防得到巩固，姥爷的内心特别高兴。

牙林线修完之后，为响应党中央"备战备荒为人民"的伟大号召，从大东北转移到大西南，支援"三线建设"，支援大后方建设，修建川黔铁路，而后又转战四川凉山彝族自治州修建成昆铁路。在姥爷参与修建成昆铁路长达8年的过程中，"文化大革命"爆发，工地沿线也出现了动乱，发生了打砸抢和武斗事件，但姥爷依然坚持革命促生产。在施工条件艰苦、施工环境恶劣的情况下，姥爷和他的工友们终于建成了连接大西南的钢铁大动脉。

1970年，姥爷响应上级号召，前往非洲援建坦赞铁路，支援非洲发展建设，在国外一干就是五个年头，为促进中国和非洲国家的友谊与非洲国家经济发展做出了自己的贡献。回国后随着祖国"四个现代化"建设的展开，以及对基础设施投入的增加，姥爷开始在全国各地修铁路，哪里修路就在哪里安家。后来姥爷在世界屋脊修建青藏铁路，在海拔4000米的青藏高原宣传"缺氧不能缺精神"的号召，在难以想象的难度下完成了青藏铁路建设，给中国铁路史画上了浓墨重彩的一笔。

姥爷一家为祖国社会主义现代化建设献青春献子孙，而正是有了一代又一代人的努力，我国铁路建设得到了飞跃的发展，随着一条条铁路的建成，中国经济也迎来了巨大发展。

严天泽

与祖国同呼吸共命运的祖辈

1967年,爷爷在家长的安排下和奶奶结婚,因为爷爷的父亲和奶奶的父亲是战友。奶奶的父亲在与日军的战斗中被俘,在北海道的战俘营挖煤直到日本投降,回国归队后参与了解放石家庄、解放天津的战斗;中华人民共和国成立后成为第一批入朝作战的志愿军,在一次进攻敌军土耳其旅的战斗中被对方子弹射穿胸部,回国养伤,从此结束了自己的军旅生涯。由于自己的人生充满磨难和艰辛,因此对女儿十分疼爱,所以奶奶刚结婚时并不会做家务。

1967年爷爷奶奶的结婚照

在矿山的几年磨砺让大学毕业就来到这里的爷爷眼里少了一些锐气，多了些迷茫和沧桑。世事难料啊！爷爷由于长期饮食条件差，加上三年困难时期留下的病根，使他的胃病总犯，整个人瘦了下来。但希望的光芒依然闪耀在道路的前方。

大伯于1969年出生，姑姑于1970年出生，爸爸生于1971年，孩子们的到来为爷爷的生活增添了不少乐趣和烦恼。"文化大革命"结束后，很快恢复高考，无极县需要建设自己的中学教育，爷爷被调回原籍。爷爷由于学历高，工作业绩好，于是被任命为当地县中学（现已解散）的校长，在爷爷的管理下，县中学的升学率稳步提高。不过，虽然在县中学取得了小成就，但爷爷作为农民的孩子的最大梦想——进城，并没有实现。他要去石家庄，想要到大学去讲课，讲他擅长的古汉语。每次听到爷爷的请求，领导就会说"今年的升学率再高几个百分点就可以了"，这句话听了好几年。爷爷终于在20世纪80年代中期成功调入石家庄的河北经贸大学工作（爷爷记不清具体时间了）。

爷爷讲完这些后对我说："人多挪则活，树多挪则死。"从村里考大学到石家庄，大学毕业后被"发配"到吉林的矿山，改革开放后回到无极县，最终调动到石家庄，此时爷爷已经快50岁了，终于结束了他漂泊不定的前半生，找到了自己理想中的港口。

暂时处在不好的现状中，不要自暴自弃，不要甘心安于现状，不要被所处的环境麻痹神经，要保持清醒的头脑，保持对生活的热爱，努力奋斗，相信改变和转机是每一天慢慢地积累而得到的。伴随着国运的浮与沉，经历了人生的起与落，不再汲汲于冲向波峰，也不畏惧跌入波谷，成为一个处变不惊又追求进步的成熟的人。这大概是爷爷希望传达给我的信息。

我妈妈生下我后认为她应该深造，便独自去长沙读医学博士，毕业后被南京一家医院聘请，于是我们一家人辗转到南京，不过那里的气候等因素让我们不太适应，我妈妈又因为工作突出接受了北京某军总医院的"邀请"，而我也想考中央美术学院，于是在南京扎营 6 年后我们再次踏上迁徙之路。现在，来北京 5 年了，妈妈成功入伍，我考上了大学，爸爸也转到了北京的单位工作，而这时，妈妈 46 岁，爸爸 47 岁，和当时爷爷正式调入石家庄的年龄不相上下，所以两代人的实践证明，爷爷的话是对的。

祖辈的"挪"，让我们从农村进入城市；父辈的"挪"，让我们从地方进入首都。现在，他们的"挪动"已经停止了，每次想到这里，我就深深地感受到我身上的责任和动力，当我 47 岁时，中华人民共和国 96 岁，说实话，我还没想好我那个时候在什么地方，在干什么，所以这是我在大学期间必须要思考清楚的一个问题。

没有老一辈人的奋斗，就没有我们的今天，他们在国家一穷二白的时候艰苦创业，换来我们出生时的衣食无忧；感谢他们和国家上下一心、同舟共济，在最困难的时候能够坚定信仰，用自己的脊梁撑起世界上的一片红色天空，换来今天我们拥护的制度发出万丈光芒。诚然，斗争尚未停息，战斗仍将继续，我会不断提高思想觉悟，努力学习专业知识，坚持传承好祖辈们的理想和信念，力争在新时代有新作为！

范文南

老房子的故事

祖辈，是时间维度上的回顾；祖国，是空间范围的延展。"我的祖辈和我的祖国"可以说是一个相当宏观的题目，然而我想以自己的视角从生活化的角度，先了解再描述一个普通的市民家庭，由农村到城市三代人的生活变迁。

我出生在大连，从小生活在城市里的我对于自己的祖辈并没有什么明确的概念，直到这次课程作业才让我有机会详询母亲关于祖辈的故事。我的家庭既没有经历过闯关东的大型迁移，祖上也并非名门望族，母亲给我讲述的是一个普通家庭的奋斗史。

我是学建筑学专业的，就从我们家的老房子说起。

母亲的故乡在离大连并不远的瓦房店（当时还是农村，现在已经是县级市）的谢屯镇前进村。20世纪60年代，姥姥响应知识青年"上山下乡"的号召从城里来到农村，与姥爷相识。我的姥爷是个勤劳的人，在20世纪80年代初就买了辆解放牌大卡车跑运输，通过自己的努力攒钱在乡下盖了属于自己的房子。这座老宅在农村的乡下，承载着妈妈儿时的记忆。

1987年家里人跟随姥姥一起回到了城市，在大连的寺儿沟买下了简易房临时落脚。随着家里孩子们陆陆续续地返城，居住条件虽然很艰苦，但是毕竟在城市里有了一个家。我年幼时还在那老房子里待过，现在仍然记得家门前的坡路泥地和窗台上被太姥姥照顾得极好的花儿。那时政策上推广承包经营责任制，姥爷参与了公交车私有化改制，买了辆大公交，开得更起劲儿了，妈妈和家里其他孩子没事也会去帮着售票，日子开始慢慢稳定起来。

前进村旧居

1996年，姥姥和姥爷又攒钱买了一套"解困房"，尽管是七楼又是东西朝向，但一家人通过自己的努力终于住进了楼房里。我还记得，儿时，傍晚家里人都下班了就会一起在客厅里挤在小电视机前看电视剧《金粉世家》的场景，家里第三代的孩子们都是在这间屋子里长大的。2004年，随着家里的孩子都结婚成家独住，姥姥姥爷决定改善住房条件，于是在附近买了套二楼的商品房，面积大了朝向也好了。一个不出100平方米的家就这样维系了我们一家12口人，现在每次过年回家时一家老老小小聚在餐厅里吃饭都是其乐融融的。

一处处房子承载了一家人的记忆，也见证了我们一个家族生活轨迹的变化。在中国，无论哪个年代，房子不仅是人们肉体的庇护所，更是心灵的寄托。而母亲一家人通过努力，把握住了时代的机遇，从农村来到城市安家，一家人的生活朝着越来越好的方向发展。我问过母亲："我们家并没有什么显赫的历史背景，是什么让咱们走到了今天的生活呢？"母亲说："你姥爷是个勤劳的人，有手艺肯吃苦又赶上了好的政策，踏踏实实地工作，这日子就会越过越好呀。"道理就是如此简单。

现居楼房

前些年故乡老宅拆迁，我陪同姥爷还有母亲回到家乡。开车下了高速母亲一再找不到方向，不禁感慨：农村早已是大变样了，曾经的菜地鹅场都建起了高层住宅。一部分先富起来的人，回到家乡改建农村，农民都变卖了旧宅住进了楼房，放弃了耕作饲养进入工地打工，一幢幢高楼也在曾经的农民手中拔地而起。去年我再次去了母亲的故乡，那里已经建起了巨大的温泉洗浴中心，一下高速就有醒目的路标指向通往"香洲田园城"。难怪母亲几度感慨：已非故土，难逢故人。我看着参天的高楼，可能很少的人知道这里曾经叫作前进村，也再难回到过去"阡陌交通、鸡犬相闻"的年代了。一直在学院学习城市理论的我第一次感受到城市化竟然有些"残忍"。

不知为何，在思政课上看纪录片《见证》时，我竟有些热泪盈眶，这就是我祖辈走过的路，祖国经历过的历史，可能就凭着这一份心脉相承，也让我拥有一颗赤子之心，让我能从祖辈的历史经验中，了解自己的祖国，让一代又一代人开万世之太平。我从母亲的口中了解了祖辈的故事，可惜留下的照片资料太少了，我从历史书籍的字里行间企图窥探我的小家发展的影子，却从现实生活引发出了更深刻地思考,我想可能这也就是这门课程的意义所在吧。

每一个人都是历史的参与者和推动者:个体组成家庭,家庭组成国家,国家的发展成就历史。有幸,我成为历史发展的知情者、继承者。希望将来我的孩子让我告诉他祖辈和国家的故事时,我能自信骄傲地向他呈现时代赋予每个人的意义。

曹馨文

葱葱群山

我的姥爷是离休干部，虽已为87岁的耄耋老人，但仍腿脚灵便、头脑清楚。他是四代同堂大家庭的老榕树，粗糙的树皮上印着时代的痕迹。

姥爷总是那么和蔼可亲，笑眯眯的，尤其是对孩子们。他舍不得倒掉剩饭剩菜，却常常在客厅果盒里盛满瓜子糖果。他长于讲理，问题总在他的分析中化解。年龄大了，他更关心子女们。家里亲戚多，春节串门时总能发现几张陌生的面孔，可他清楚地知道谁来自谁家，谁的小名是什么。他也许记不清降糖药放在哪里，但一定记得孙女上的是哪个幼儿园。他不甘落后，总要走在时代前方。他的一只眼睛四十多年前就失明了，另一只有轻微白内障，是由于年轻时经常深夜对着烛火校对稿件而用眼过度。但即便如此，每天他都会拿着能把蚂蚁看清楚的放大镜读报，专心致志地向三姨了解最新的教育、创业政策，兴致勃勃地和大姨夫讨论时事问题。对于共产党，他永远是最忠诚的卫士。作为一名老党员，对党的热爱已融入血液。我们家，除年龄不够的小辈外，几乎都响应了党的号召。他常向我们讲述当年饥荒、卫国、求学的艰难历程，"与现在没法比"，"如今啥都有了，太好了"。

"为人要诚，做事要精，为国要忠，为民要亲。"姥爷在每年团圆饭上都会努力地站起身，用缓慢但坚定的语调一遍遍强调。他不求子女们取得多么耀人的成绩，拥有多么体面的身份，但求为人踏实，做人做事对得起自己的心。他要求我们上进，无论处在哪个位置，都要尽可能多地为集体、为国家出力。它们本质上都是"用心"，用最真诚最认真的态度去完成每一件事，实现每一个期望。个人的享乐与私欲被淡化，换得的是真心、实事，积累起来便是国家气质。这是老一辈人的共性，也是现代社会里浮躁的我们最该铭记的事。

姥爷曾经是名记者、编辑，担任过河南省平顶山日报社总编室主任。但说来惭愧，我对姥爷工作上的事知道不多。似乎在他眼里我们更像是孩子，他更愿意和我们聊学习、生活上的事。去年《平顶山晚报》记者来采访这位老前辈，遇见同行，姥爷顿时打开了话匣子，我终于对姥爷、对记者行业有了更全面的了解。

1982年，《平顶山日报》复刊，本在新华区党委办公室工作的姥爷奉命调到报社。根据市里的要求，各单位每个党支部都要有一份《平顶山日报》。《平顶山日报》四开四版，周六刊发，发行量7000来份，主要面对党政机关。

初期，《平顶山日报》的"时事新闻"主要由新华社电稿提供。报社专门架设了电台，用新华社的"五路广播"，采用条式摹写机输出纸质电稿。这种摹写机输出的电稿需要人用剪刀和胶水对纸条进行剪切和粘贴，才可形成一份完整的稿件，错误率高且收稿速度很慢，一分钟仅100字左右，因此上万字的重大会议的长稿件就非常费时费力。

在信息不甚方便的年代，搜集新闻是困难的，收录机与亲自采访是主要的方式。为了能多个渠道接收新闻，报社专门派人收听每晚8点中央人民广播电台的"新闻和报纸摘要"栏目。"常常是边听边记，很麻烦"，姥爷说。周边乡镇的新闻主要靠记者们亲自搜集，那时没有便捷的网络，也没有汽车、电动车。每次采访都是骑着自行车穿行在颠簸的土路上。采访前如果要做准备，需要去图书馆或者有关部门借书、借资料，或者是翻阅自己整理的剪报。"采访很辛苦，搜集资料也是"，但姥爷认为记者的成长就在于此，要依赖于两条腿，要一直跑，多采访、细思量。

新闻稿件必须准确无误。由于条式摹写机很容易受天气等因素的影响，有时电稿字迹无法识别，此时就需要电台值班人员给新华社、《人民日报》社或《河南日报》社打电话核对。当时，长途电话联系程序复杂，一个电话往往要等待三四个小时才能接通。有一次重要会议，电稿中有一处字迹不清，姥爷打电话核对却一直无法接通，尽管天色已晚，但本着求实的原则，在报社领导的帮助下，辗转从市委宣传部借了一辆车，连夜求证清楚后又赶回来印刷。

  阳光透过鱼缸，洒入老屋，抚向读报的姥爷，勾勒出淡淡的暖影。这画面不断出现在我的脑海，我不忍心将它模糊掉。时间太过调皮，尤其对老人，"无尽"的一天天极为相似，好似重复，却在某个时间点又突然强迫你记起它本有的平山填海的力量。我默默地将三年前写下的"姥爷耳聪目明"删去，最近两年，姥爷出入医院越来越频繁，脑血栓引发过中风，视网膜也险些脱落，好在目前都有惊无险。他开始不记得刚发生的事，找不到药瓶；读报已成为他奢望的乐趣，放大镜度数变大，但时间却持续缩短。他像一个孤独且无助的孩子，但没人能解决他的问题。我珍惜每个回老家的机会，倾听他说尽攒了一学期的想对我说的话，希望能一直这样持续下去。在激动的回忆中，姥爷又是过去容光焕发的样子。

  姥爷如群山一般，坚强地支撑起了家庭，并随时张开温暖又让人安心的怀抱。他督促、教导每一个家庭成员，希望我们无论何时都能团结一心，都能够在社会上立足，发光放热，把家族精神传承下去。我会把他的话语牢记在心里，带着使命学习，为国家作贡献。

刘芳铭

一个叫作"九山"的地方

　　繁华与古韵、喧嚣与静寂交织，北京城里的形形色色让我留恋，但是心中的欢喜终究还是敌不过抗拒。卑微胆怯如我，面对新鲜的一切并没有继续了解的勇气，我怕在这眼花缭乱的世界里迷失方向，找不到初来时的路。就像我不喜欢坐地铁，那里的气息让我窒息，我总会在地铁站里迷路。相比之下我更喜欢公交车里的颠簸感，匆匆一瞥沿途的风景，时间会在不经意间流逝，这种闲适而又熟悉的感觉让我安心，就算坐过站也会为到了一个未曾谋面的地方而欢喜。即使在这里生活了三年，却还是没有找到归属感，孤独无依让我更加想念故事开始的地方。或许很多人会嘲笑我没有追求，没有年轻人该有的魄力和勇气，但是只有被生活的刺深深地戳痛过，才懂得最美好的不过是现实的安稳。

　　一个叫作九山的小镇，是故事开始的地方。九山不是有九座山，至于到底有多少座，就像天上的星星一样没有人能数得清。镇子不大，只有两条街，四周分散着大大小小的村落，但是都被群山包裹着。这里不仅是我的祖辈生活的地方，也是我记忆开始的地方，见证了我一步步的成长，更承载了我18年的悲伤与欢乐。

　　关于祖辈们的记忆是模糊的，只依稀记得4岁那年懵懂无知的我跪在床边笨手笨脚地给老奶奶穿鞋。我想我的祖辈一定都是淳朴善良的老实人，暗黄色的土坯房是他们余生落脚的地方，虽然简陋却异常结实，历经几十年的风雨冲刷依旧挺立。几亩良田是所有希望的寄托，日出而作日落而息，无争无斗，日子虽然清苦但是却也美满。一辈子耕耘在田间地头，平凡地度过一生，死后埋葬在家族的墓地中，有众多亲人相伴也不会孤独。随着时间的流逝，小土堆也越来越多，已经容纳不下更多。我们家族的墓地在爷爷家后不远的一片空地上，旁边有一条小溪淌过，阳光普照，枝繁叶茂，是个极好的地方。每逢过年的时候，我总会带上奶奶准备的年货，拿上烧纸，跟随着爸爸、叔叔们去"上坟"，倒茶、斟酒、烧纸、磕头，祭拜祖先，寄托思念，也祈求得到新的一年的庇佑。可是后来我没有再去过，因为我要去另一个地方，带上足够的烧纸和纸钱，带上最美丽的烟花，去祭拜我的父亲，祈求他不再忍受生前的苦难，希望他在那里一切都好。

爷爷年轻的时候曾经是一位军人，穿军装的样子很神气，退伍以后就返乡了，和祖辈们一样忙碌在田间地头，把自己的汗水全部浇灌在土地里。爷爷每每谈起自己的军旅生涯，眼中有光芒，那是属于他的青春，是属于他的独家记忆。关于爷爷在我印象中最深的一幕是在火车站，那时已经六十多岁的爷爷执意要去外地打工，我知道他是为了减轻儿子的负担。在进站口看着爷爷背着厚重的行李，伛偻的身影逐渐消失在人群中，我恨自己为什么不快点长大。现在每每看到那些背着行囊的打工者就会心酸，如果你也看见他们，请以善意相待。爷爷一生清贫节俭，最喜欢吃的是奶奶烙的煎饼，因为不花钱；爷爷爱吃排骨、西瓜，自己却一次也舍不得买；爷爷直到现在仍住在五十多年前新婚的土坯房里，在周围砖瓦房的映衬下十分刺眼……

爷爷是温暖的，结婚前，奶奶的母亲告诉他奶奶不能挑水，所以他自己挑了一辈子水；爷爷是伟大的，爸爸生病日夜相伴，就算再累心再痛苦也不愿离开自己的孩子一步；爷爷是坚强的，即使白发人送黑发人也把悲痛和不舍藏在心里，从不在他人面前流眼泪。

奶奶年轻的时候长得十分标致，是个美人儿，奶奶以前爱笑，笑起来眉眼十分好看。虽然奶奶老是偷偷和我抱怨嫁给爷爷一直吃苦，但是对爷爷的爱只增不减，日子苦点，却也幸福。自从爸爸离开以后，过去爱笑的奶奶就消失了，开始变得沉默寡言，不愿与人交往，而且由于悲伤过度导致耳朵也听不太清，常常自己坐在角落发呆，有时还会偷偷抹眼泪，我知道她是又想起她最疼爱的大儿子了。每次回去奶奶都会跟我聊爸爸的故事，聊爸爸生病时她是如何照顾的，聊爸爸小时候多听话，说着说着就会流泪。爷爷奶奶生活清贫却总是担心我在外受委屈，每次回去都会偷偷地在我包里塞钱。我总是觉得对爷爷奶奶有亏欠，更恨自己为什么不快点长大。亲爱的爷爷奶奶，希望你们能够爱自己多一点，给我时间等我长大，让我来代替爸爸照顾你们。岁月请善待他们，生活太苦，请给两位白发苍苍的老人一点甜。

我5岁的时候妈妈去日本打工，一去就是3年，回来之后在镇上的一条街上盖起了我们的楼房。爸爸妈妈经营"八香村酒楼"，生意还算不错，在镇上算数一数二的。街坊邻居相处得十分融洽，一条街像是一个大家庭。饭店总是忙到很晚，晚饭都是在客人走后再吃，我那时候最大的愿望就是一家人能够在傍晚的时候一起吃晚饭，但后来这却成了我最怀念的一件事。我在镇上读了小学和一半的初中，那是我最幸福的时光，一家人在一起，平淡却和美。后来大家都争相在县城买房，初中的时候我和妈妈、弟弟一起到县城生活，爸爸还是留在小镇照看酒楼。来到县城以后我却很少再感受到家的温暖，虽然能够在傍晚的时候吃晚饭，却更加怀念从前。后来辗转几年爸爸尝试着各种创业，辛苦操劳却屡屡不顺，也许是过度劳累积攒下了病根，以致到后来离开得那么突然。日子磕磕绊绊地过着，我也高中毕业，考上了中央美术学院。

从九山小镇到北京大都市，这是我18年的人生轨迹，见证了我从幼稚到成熟，从天真烂漫到多愁善感的变化。今年是在北京的第3年，这期间我走过很多地方，看过很多风景，不得不承认北京是迷人的，如果生活对我好一点，我想我可能会在北京留一下，我期待那时候不一样的自己。但是现在于我而言，牵挂的还是故事开始的地方，因为在那里有人在等待着我，那里的人需要我。我更喜欢安稳的生活，希望有足够的时间去陪伴需要我的人。时光，请走得慢一点吧，请给我时间，让我成长。

天是蓝的，花是美的，人是爱的

王玉娇

风雨一时　平淡一生

随着时代的发展，中国已经成为一个十分强盛的国家。祖国的强大是一代又一代人不断努力的成果。在这片广阔的土地上有着大大小小的家庭，这些家庭汇聚成了强大的祖国。我的家庭很普通，我的父亲是家里唯一拥有较高学历的知识分子。我的祖辈们一生平淡，但他们有着不平凡的经历。

我的家乡是湖南湘西的一个小地方，沅江水一直养育着我们。一说起湘西，人们想到的就是凤凰古城，沈从文笔下的那个边城小镇。我的家乡浦市也是一个古老的小镇，是一个因军事而立、因商业而兴的古镇，它的历史可以追溯到汉代，自古以来就有"小南京"之称。它位于沅江中游，曾经是一个水运交通发达的地方。我小的时候就见过江边密布着大大小小的船只。

我外祖父于1921年出生在一个商人家庭，名为陆汉湘，家中长子。其实陆姓在我的家乡是很少见的。听我母亲说她的曾曾祖父是从浙江那边移居过来的。我的外祖父曾经去重庆上军校，一直到中华人民共和国成立才回来。在抗日战争年代，外祖父一直没有与家人有过联系，后来他也从未与人谈论起他的过往。所以，没有人知道他曾经历过什么。外祖父是拿着中学毕业证到军校报名的，年轻的他怀揣着报效祖国的热情加入了部队，为祖国解放事业奉献着自己的力量。据我的父亲分析，外祖父的军衔应该在少尉，但具体的情况就不清楚了。尽管是一位国民党军官，但是外祖父也在抗日战争中为中华民族的独立解放战斗着、奉献着。同时，我也要缅怀像祖父一样为中华民族的独立而挥洒热血的战士们，正是他们的付出才会有现在我们幸福安逸的生活。他们用自己的鲜血和汗水为当今中国的和平与发展奠定了坚实基础。

外祖母生于1929年，是家中唯一的女儿，名为宋幼群。她从小丧母，只有父亲和两个哥哥，他们都很疼爱她。外祖母家是很富裕的，按照父亲的说法，浦市镇上最肥沃的土地就是外祖母家的。

他们是新中国成立后经人介绍相识的，大概在1951年结婚。当时外祖父和外祖母的家庭差距很大，所以他们的结合一定经历了一番周折。他们有3个女儿。但之前还有过3个儿子，只是都早夭了。这件事在我很小的时候外祖母和我谈过。那时，灯已经关了，屋子里一片漆黑，只有月光照下了一丝光芒。外祖母、表姐和我3个人挤在一张床上聊天，外祖母无意间提到了这件事。当时，我只是好奇我居然还有3个舅舅，并没有注意外祖母的语气。现在想起来，我很后悔当时的自己没有安慰外祖母，当时的她一定很伤心，沉浸在痛苦的回忆中。而今，我却永远无法再躺在外祖母身边安慰她、和她谈心了。

1970年，外祖父和外祖母一家被下放到旧寨，1974年，外祖父因病去世。当时我的母亲才7岁，家里已经大不如从前了，只能由我外祖母独自抚养我母亲三姐妹。外祖父去世时不到50岁，也许是长期的压抑加快了外祖父的离去。家里只保留了外祖父的一张黑白照片，照片中他已经不再年轻，十分消瘦。外祖父去世后，外祖母未再改嫁，一个人抚养着3个女儿，在艰难的岁月中生活着。1979年外祖母她们才回到了浦市，生活在一个弄堂里。直到1985年大姨家建造新房，外祖母才搬入我记忆中的那个三层砖瓦房。此后，外祖母就一直生活在那里。

在我的记忆里，外祖母一直都宠溺着我。虽然我有一点不听话，但外祖母从来没有生气过。外祖母很喜欢种茉莉花，每年夏天的时候，一阵阵幽香总是萦绕在阳台上。外祖母把新鲜的茉莉花摘下来，放在簸箕里晒太阳，然后将晒干的茉莉花收起来泡茶喝。可是，那些茉莉花的盆栽也在外祖母去世后变得越来越凋零，直到全部死去。外祖母喜欢帮助一位住在对面的老妇人。她的两个儿子都很早就去世了，唯一的儿媳妇也改嫁了，不给赡养费，还惦记着她居住的老房子，总想着等她去世后把房子卖出去，她还有个女儿生活条件也不是很好。只有我外祖母一个人帮助她，和她说说话。虽然外祖母并没有给予她多少物质帮助，但是却给予了对方不少的温暖。

外祖母的离去令我十分意外，因为她的身体一直都很健康，那时候的我怎么也想不到她突然离开了我。外祖母是在知道小舅公，也就是她二哥去世的消息时去世的。外祖母去世后，我通过棺材微掩的细缝见了她最后一面，她就那样安详地躺在那里，我愣愣地看着外祖母，什么也没想，什么也没做，连落泪都没有。直到看见外祖母的遗物时，与外祖母生活的点点滴滴一股脑涌现在大脑中，我才泪如雨下。守夜过后，我去了外祖母的房间睡觉，透过阳台我看见对面的那位老妇人就那样坐在她家门槛旁默默地看着外祖母的灵堂。这位老人在近几年也去世了。最近几年浦市政府部门在大量保护和修缮古宅，外祖母的老宅在她去世后被国家征收，连着她家旁边的那户老宅一起被改建成展览馆和茶楼了。这也是政府发展浦市镇文化和旅游建设的一些措施。

被保护和修缮的古宅

小镇新气象

外祖父走了,外祖母也走了,但他们的精神永远地留在我的心里。虽然他们一生平平淡淡,但在艰难的岁月中也饱经风霜。他们是吃苦的一代,我们是享福的一代。但我们不能在甜蜜中沉溺,我们也要为祖国的繁荣富强作出自己的贡献,并激励下一代继续前行。

杨陆燕

第二部分
一图一文绘中华

这一部分主要辑录的是学生的部分美术习作。他们通过丹青笔墨,描绘展现着家园一草一木的清新温柔和社会主义建设的生机盎然,抒发着心底的赤诚和满腔的热爱。

河 西

《河西》这幅水印版画表现的是我家乡的一条河。父辈们讲，这是一条运河，早先河道比较窄，20世纪70年代父辈们使用简单的工具，依靠人力重新拓宽了河道。这条河可以说是我儿时的乐园，夏天站在石桥上面往河里跳、钓鱼、游泳。她也是我们附近村庄主要的灌溉水源，干旱时节总要用来灌溉。高中我去了县城读书，很少在河边玩耍了。有一次回家期间我发现河边开始出现了生活垃圾，河水也变脏了，心里很不是滋味。去年回到村里，我看见河水又变清了，还看到了水鸟。

李文豪

我的外婆

这幅作品基本以玻璃镶嵌的形式制作,主题选择了我的外婆与我的家乡潮州。作品整体的思路是以外婆为主题,在画面中加入具有象征意义的植物元素,龟背竹、松柏,寓意福禄长寿,杜鹃花寓意热情美好,以表达我对外婆的美好祝福。画面上半侧加入了潮州的一些景点,如潮州著名的湘子桥、雷峰塔及韩文公祠。潮州拥有着古老厚重的历史,而我的外婆的一生也布满了坎坷与崎岖。母亲年幼时外公因病而去,外婆孤身一人扛起了这个家,把我的母亲及她的两位姐姐一手养大。在那个年代,这种经历是难以想象的。我的外婆终身没有再婚,但她从未感到任何不满抑或不公,她从未接受教育,甚至无法写下自己的名字,但她教会了我们如何面对生活。这幅作品是为了表达对她的祝福,也是对她所传承下来的那一代人的精神致敬。

吴铭东

那些日子

我的祖辈是世世代代生活在湖南省湘西土家族苗族自治州的农民，以思政课为契机，我对他们有了更深的理解。这次创作，通过折叠式的写绘文本以及图绘和文字解读，并最终以一种奏章式的形式呈现，诉说了我对祖辈和祖国的浓厚情意。他们默默无私奉献，把美好的青春年华都奉献给了深爱的祖国。文字和图绘的方式更好地表达出祖辈与祖国的关系，让观者有更加直观的感受，增强"代入感"。

进入特定的历史情境中,体会历史的选择、感受时代的声音,是新时代艺术青年的使命。我校开展"五位一体"思政课教学方法改革,就是要使同学们能真正学有所获。2018年恰逢中央美术学院100周年校庆,作为美院学子,我们能做什么,这次的思政课给了我非常深刻的启发。我们要学习祖辈们吃苦耐劳的精神品质,自觉认识艺术与时代的关系,为祖国的发展贡献自己的力量。

彭　享

船

我的童年是在内陆地区度过的,没有见过海,也没有见过自然湖泊,只有干涸的河床后来修成的人工小河,跟南方的水比起来非常小,经常断流。家乡是一个比较缺水的城市,虽然童年的我也有点怕水,但是不妨碍我从小就有看海的愿望,从电视上书刊上,看到海看到船,广阔的天地真令人向往。大三上学期有了一次到山东威海海边写生的机会。我们去的时候是9月,刚好赶上海鲜收获的时候,每天有非常多的渔船聚集在码头。在夕阳和晚霞的映照下,海面和船只都变了颜色,海面泛起粉红色、橘红色、明黄色,暗处是碧波才有的绿色及大海的深蓝色,太阳快落山的时候又开始泛着浅紫,颜色变化很快、五彩缤纷,让人眼花缭乱。

船是海边的人们在大海上作业的工具。渔民们乘着小渔船出海捕捞,但只能在近海的区域工作活动。船也衍生了不同的形式:我国的第一艘航空母舰辽宁舰,我国自主研究的"蛟龙号"载人潜水器,等等。随着改革开放的进一步推进,我国的综合国力和科技创新能力提高了,人民的生活也越来越好了。诗人余光中在《乡愁》中写到:"长大后,乡愁是一张窄窄的船票,我在这头,新娘在那头。"人来人往间更牵动人与人的情感,是乡愁、是亲情的力量、是爱。在交通还没有那么发达的年代,游子的心和另一头岸上不变的等待,由一张张船票联结。现在已经有了飞机、高铁等更为便捷的交通工具,但船依然维系和牵连着当今的人们。

由此我构思了这个作品，先在玻璃上进行绘画然后送到工厂烧制，再拼接安装上灯就完成了。烧制出来的效果会比画上去要暗淡陈旧一些。

史皓蒙

大院后的老树林

在古代,人们喜欢把感情寄托于事物,一花一鸟和一草一木,皆伴随着人们的情绪而存在。画作当中描绘的是人们居住的大院旁边一片春意盎然的树林,它见证了大院里每一个人、每一件事情的点滴。画面当中运用了轻松的表现手法,传达着和谐的氛围,人与自然、大院与树林,本就是自然生态。这种历史进程中的和谐关系,相辅相成。或许没有这个大院,树林本不存在,或许没有树林,大院本不该在这。通过一片树林,反衬了人们的生活,正如树林会说故事,诉说着这个院子里发生的点点滴滴。画面采用了长卷构图,古人绘画所采用的叙述性构图亦是如此。

曹智国

有关爷爷的回忆

爷爷其实是我的外公,因为小时候总觉得叫外公很生分,所以自作主张叫他爷爷。爷爷是个共产党员,是个老干部。小时候在乡下老家玩的时候,爷爷总拄着拐杖陪在我身边,他坐在院子里,阳光晒得人暖洋洋的。小院里有很多树,不知长了多少个年月,粗壮又粗糙。爷爷站在树下,有时靠着树干,有时透着树叶间的缝隙看着天,光斑洒落在我的童年里。这就是幼年时爷爷留在我记忆里的画面。后来我上了中学,没有时间回乡下老家了。我对爷爷的印象淡了起来。我上高中时他离开了乡村,来到镇里生活,于是我对他的记忆变成了小镇里的一排排矮房子。爷爷拄着拐杖,路过房子旁有些拥挤的街道,穿过一根根电线杆。电线杆上挂的电线很乱,有种异样美丽的年代感,时隔多年我依旧记得清晰。这是我长大后爷爷落在我回忆里的样子。可惜爷爷没能再和我们一起走到城市里,他的身影和乡下粗壮的树干,没有星星的夜晚,小镇参差不齐的矮房子,乱糟糟的电线以及夜幕时街道暖黄的

灯光，永远留在了一起。

　　我尽量把有关爷爷的记忆留在画面里，他的一生随着祖国的发展，渐渐形成一处生动的风景——清廉一生，两袖清风。

杨　晗

岁月给它美丽的痕迹

北京有很多老旧的房子，我曾和朋友一起尝试在一栋漂亮的红房子上做一个壁画方案。后来老师告诉我，那房子要被拆迁了。我们觉得可惜，新的总有，旧的却需要很长时间来记挂或者遗忘。此后我总是更留意周围的老房子，时光给予它们的每道裂纹都是故事。

后来我在附近小区看到了一栋很矮、很小的房子，像我奶奶曾经住过的小平房。附近的老人在这里喂养了很多野猫，我路过时总能看见有猫在吃不知谁刚送过去的猫粮。有次学校组织学雷锋活动，我和同学来到这个小区的老年活动中心为老人画像，在和老人聊天中了解到了他们的生活。和我们每

个人的祖辈一样，他们和祖国一起经历了风浪、经历了变革，他们年轻时都曾为历史的转动付出过青春和热血。儿女们都已经长大成人，完成了生命的交替轮回。不知不觉中他们老了，会在有太阳的天气里三三两两地聚在一起聊聊天、喂喂小区里的流浪猫。老人们的儿女时常不在身边，他们很爱与我们学生交谈，说是交谈，更像是一种倾诉。那么多岁月走过来，他们每个人都是一本故事书，讲也讲不完，分别时都依依不舍。

　　我开始想念家乡那些已经逝去和依然健在的老人们，也想再去触摸一下他们留在这个世界的痕迹。创作这幅作品，是希望通过拙劣的笔触，尽量刻画出他们留在这个城市的记号：墙上裂纹细碎，门上铁锈斑斑，门口的猫懒洋洋，像是在等待老人们的投喂和逗弄。而我们站在门外，透过陈旧的建筑，看着历史的沉淀，像是浅金色的阳光在空气中悬浮飘荡，看着他们在泛黄的时光里，为这个家庭和祖国热血奋斗的模样。

高诗瑶

路　过

　　画这幅布面水彩的时候，想了很多关于祖国和祖辈的事，但最终还是选择了画一双鞋，是一双迷彩鞋，想通过它展现当年祖辈和祖国一同走过的历史。爷爷穿过它，下地农忙，东奔西走；父亲也穿过它，穿着它来到部队，成为守护祖国的战士。尽管它现在早已经破旧不堪、落满灰尘，迷彩布面色彩褪尽，鞋带也磨得起毛，不再有人问津。但它就像是一段烙下了历史痕迹的古物，哪怕在角落里，也会时刻提醒着自己，当年祖辈们走过的路是怎样的艰辛？当年祖国走过的路是如何坎坷？这条路是所有的祖辈们共同走过

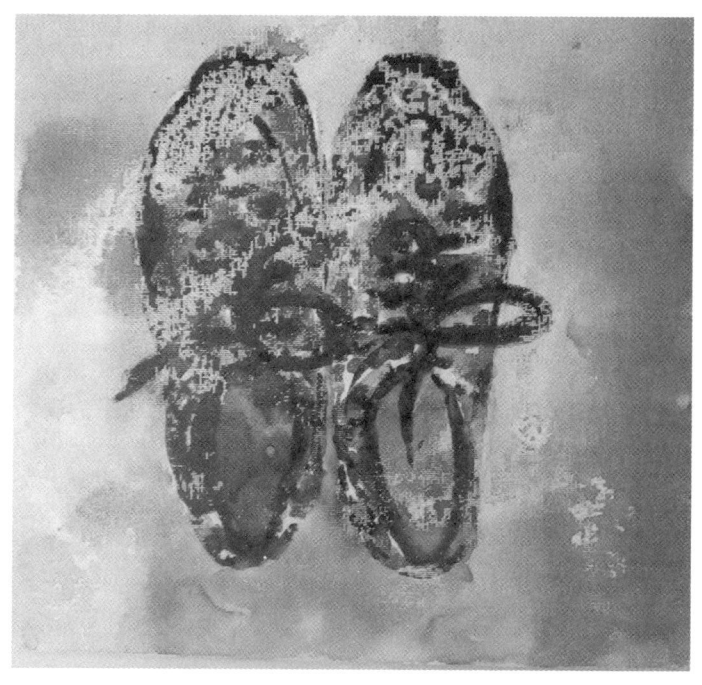

的，少了谁的脚印都不行。

　　每次在家中角落里看到这双鞋，我便在想，这双鞋是不可以扔的。它只是一双破旧的鞋，却也正因为它如此沧桑，它才得以亲眼见证着世事的变迁。它就像一台无声的录影机，在我们脚下默默记录着，我们走过的每一步都刻录在了鞋上。每当我低头看见它，它便带着我的思绪回到了当年：回到扬尘的村落，回到泥泞的田地，回到部队或是紧张或是井然的生活，回到初来城市时那种踌躇的感觉。很神奇，我没有经历过那些往事，却可以通过这双鞋感受到当年的尘土味道。珍贵的事物，无论过多久的时间，依旧珍贵，这双鞋就是历史的一部分。有一天它可能会被尘封在历史的长河里再也找不见，但我希望我能通过这幅画，记住它，留下它。

刘天楚

主人？主人！

这是一幅关于"那个时代"的丙烯宣传画。当时正值我的祖辈们的童年，那时的他们一定不会知道，伴随着他们的成长，祖国也会发生巨大的转型。从新中国成立的普天同庆到改革开放后的国家腾飞，他们所经历的一切，他们在这个国家中的位置，他们的命运，都跟他们生活的这个国家的发展紧紧相连。

爷爷奶奶生活在皖北的农村，因为要抚养四个孩子，非常不容易。而我的父亲，通过努力，考上了当地最好的初中、高中，考上了在当时和清华、

北大一样难考的中国科技大学，毕业后继续深造，一门心思投入科研工作当中。在这个教育可以改变命运的时代，我的父母通过自己年轻时的拼搏，改变了命运，并掌握了自己的命运。当他们努力工作并深信自己的作为能对这个国家做出贡献的时候，他们就成了这个国家的主人。

  我的祖辈与我的祖国，他们的命运时刻紧密相连着。国家和平安宁，生活于其中的人们才可能幸福；只有当每个国民都怀揣着梦想与希望，我们的家园和祖国才能越来越好。所以，我们的未来，就在脚下。

张雨奇

刻在心里的鲜红

祖辈们最值得纪念、炫耀和追忆的,就是那个他们与祖国共进退的年代。对于"我的祖国",不同时代的人可能会有不同的感受,不同的人脑海里回荡着不同的片段、不同的歌曲、不同的故事。

祖国给了我民族自豪感,给了我生存的安全感,给了我存活于世所需要的外在和内在的必需品,所以我深爱着她。而这同祖辈们对于她的感情相比,就单薄得多了,在那个他们共同奋斗、共同成长的年代,他们对于祖国,有过感激、有过心疼、有过不舍,最终都化成了深沉内敛不能轻易言说的深爱。

回想起那一段历史,祖母说她记忆中最鲜红的就是节日里墙上、窗上贴

着的一张张鲜红的剪纸，描绘着大好河山和红砖红瓦，看着剪纸呈现和承载的不屈信念和美好憧憬，一家人就在贫穷艰难的生活里重新找到了信仰和奋斗的意义。这些贴在墙上的艺术，不仅仅是一种装饰，更是一种心灵上的鼓舞，是我们这代安居乐业的人无法深刻感受的力量，就像星星之火，虽然微薄，却有着燎原之势。

  我的祖辈，他们不是鲁迅先生那样的以笔为枪的大文豪，也不是李大钊先生那样鼓舞着全国人民的革命者，但他们在自己的小天地里努力地发光发热，不屈地战斗。他们所做过的事情，直到今天还在提醒着我，忠于祖国和人民，感恩祖国母亲所给予我的一切。我为有这样不屈的祖辈，为有这样不屈的祖国而自豪。

苗雨竹

记忆里的中国蓝

当我第一眼看到"我的祖辈与我的祖国"这几个字的时候,奶奶的身影就在脑海里悄然浮现。自我懵懂之时,奶奶身着蓝布衫的身影就常伴我左右,她辛勤劳作,怀抱干净温暖。时至今日,每当我想起奶奶,心中浮现的也总是那身洗得发白的蓝布衫,给年幼的我留下了许多美好的记忆。所以我希望将这种美好的感情通过作品表现出来,我想绘画会是一种很好的表达方式。

奶奶是个很勤快的女人,年近古稀,身体依然硬朗,一天到晚不是扫地洗衣,就是洗菜做饭,把家里收拾得井井有条,总也闲不下来。她虽然并不

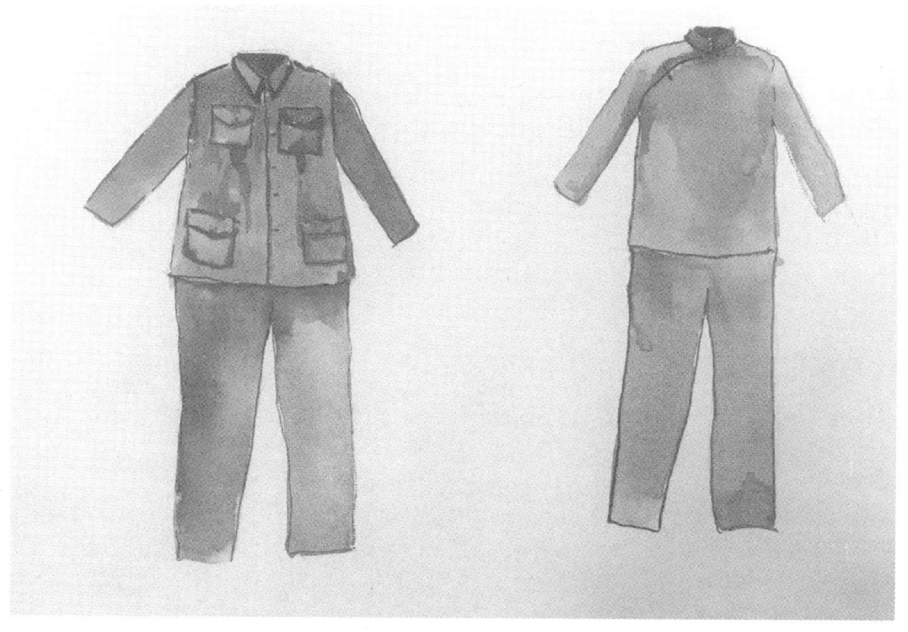

是一个腹有诗书的才女,甚至读写不通,连普通话都说不好,但在我的成长历程中,奶奶扮演了十分重要的角色。她教我以勤俭,教我以忠实。现在想来,奶奶那一辈的人大多是一身蓝布衫,那一身朴素的蓝,仿佛是一个时代的象征。他们坚毅朴实、勤劳节俭,挺拔得像一棵树,又朴素得像那一身蓝,没有什么出彩的地方,却像一个个小水滴,汇成一片改革的海洋。正是他们的努力,让我们的祖国一点一点地脱胎换骨、改了样貌,一步步地走向繁荣富强。那身蓝布衫,深深镌刻着祖辈们的精神,贯穿着他们的生命。

今日的我们已不再身着这朴素的蓝布衫,但这抹蓝早已浸透了我们的生命,是我们中华儿女昂扬精神的一个象征。我们应该时刻牢记祖辈们勤俭节约、艰苦奋斗的精神,脚踏实地,沿着祖辈开创的道路,一步一步让祖国走向更美好的未来。

李雅琳

粮票记忆

我的爷爷是一个厨师，每当我看到那个年代的粮票、肉票，便不禁会想起他。在那个物质不是很充裕的年代，粮票等票证成为那个时期的象征。在我们当地，人们都是直呼厨师为"先生"。爷爷以精湛的厨艺征服了整个村

子，大部分的红白喜事都由他来操办菜宴。"先生"一直都很勤俭节约，从来不浪费粮食，也从来不滥用私权天天吃好喝好。

  改革开放已经四十年了，人们的衣食住行有了巨大的变化。今天的生活和祖辈们过去的成长环境相比，有着天壤之别。祖辈们曾经过着艰苦的生活，从每粒米的成熟、交换与烹饪，皆来之不易。新时代的我们在快节奏的生活中疾步前进，享受着极大的物质便利，却屡屡出现浪费粮食的现象。我查阅了当时粮票的资料，总结了一些粮票、肉票、烟票的特征，通过组织画面色块构成，创作了这幅丙烯画。

  通过这幅画，我想让人们了解或者回忆那个曾经的粮票交易时代，从而走进曾经艰苦的历史，体会父辈们用血汗为我们创造的优良环境。粮票的记忆不仅是对铺张浪费的反思，亦是对新产业技术的追求；粮票的记忆也不仅是过去的印记，更是对未来的启发。

洪　轮

老红军

在这个和平的年代,我们衣食无忧,幸福安康。我们的祖国发展到今天这么繁荣富强,离不开当年数不清的革命战士们的浴血奋战。他们在九死一生的险境里坚强不屈,为了新中国不惜奉献自己的生命。

  我的太爷爷就是这样一位老红军。小时候我常常听我的爷爷讲起太爷爷的故事，而太爷爷在长征中为了救自己的战友牺牲了。像他一样的战斗英雄还有很多很多，他们的红色精神也一直流传至今，激励着我们。小时候家里老房子的镜子上贴着一张太爷爷年轻时穿着军装敬军礼的照片，那张照片深深地烙印在我的脑海中。如果当年太爷爷没有牺牲，老了的他会是什么样子，大概就是我油画中的这般模样。年迈的他虽然脸上布满皱纹，但是眼神坚定，军礼还是那么标准。

  这就是我的祖辈，我心中永远的英雄，他将自己奉献给祖国的红色精神，流传于我们后辈的血脉之中。

陈墨玉

发 声

农村的高音喇叭,曾给一代人留下了难忘的记忆。它在 20 世纪是农村人获得信息的主要来源。在农村生活过的人都知道,那时的高音喇叭就是村里的广播站。上级有了新精神要传达,就在喇叭里读一读;村里各小队干部

要到村里去开会，就在喇叭里下通知；就连村民谁家有个要紧事，也赶到广播室来，求村里的通信员在喇叭里喊上几遍。

岁月如歌。如今，电视、电脑进入了家庭，当年的高音喇叭广播，早已被人们淡忘，而从那个时代走过来的人却记忆犹新，昔日的广播里传出的那些熟悉的旋律，至今仍在人们耳边回荡。随着时间推移，大喇叭逐渐淡出舞台，但它是历史的见证者、传播者，也代表着老辈人在历史上曾留下的声音。

刘冲昊

城市建设者

改革开放以来,我国经济飞速发展,城市建设步伐越来越快,许多人为城市发展作出了巨大的贡献。然而,农民工这个默默无闻的群体,常常被遗忘。一个国家的繁荣、强大是一代代人不断用心血筑成的。改革开放后,数

以万计的农民离开祖辈生活的土地，为城市的建设提供了大量劳动力，他们在各个基层，特别是劳动强度大的领域干着重活、累活、脏活、险活，在建筑、运输、服务等行业发挥着重大作用。城市面貌的重大改变、经济的增长发展、公共设施的完善等，都离不开农民工的贡献。

在这幅作品中，我以水彩的形式，描绘了夕阳下建筑工人在工地上干活的情景，赞扬了在城市建设中默默奉献的建筑工人群体。画面中，工人们看不清脸，只有剪影，在庞大的建筑中，他们是渺小的，然而正是他们，建造了这些庞然大物。夕阳西斜，当其他人已经放下工作的重担踏上回家的路途时，建筑工人们还在危险的工地上挥汗如雨。报纸和电视新闻里，大家都只会注意到某某工程顺利竣工，而看不到建筑工人们忙碌的背影。他们起早贪黑，干的是体力活，挣的是血汗钱。他们不畏酷暑、不惧严寒，全身心投入建设祖国的事业中，用一腔热血为祖国的发展添砖加瓦，他们也是谁的父母，也是谁的儿女……当我们看到一幢幢高楼大厦、工业厂房拔地而起时，当我们在赞扬建筑的宏伟壮丽时，一定不要忘记，在每一根钢筋、一砖一瓦的背后，凝聚着祖辈们的青春与汗水，正是他们的深厚积累与巨大贡献，才有了祖国如今的繁荣昌盛，才让我们拥有了美好的生活。

万狄赛

老物件旧情怀

人到了一定年纪容易变得怀旧。就像长辈们念叨了无数遍的"我们那个时候哇……"一听这样的开场,你就会意识到他们要眼神悠远、感叹良久。一开始或许你还能兴致勃勃地听下去,久而久之重复的片段不免令你感到不耐烦,甚至听不进一声感慨,就匆匆粗鲁地打断"哎呀,现在和以

前能一样嘛"。

不论当时的你聆听或是打断,都无法改变岁月齿轮的无情转动。若干年风花雪月后,也许就会换了你呆滞地坐在同样的位置,幽然叹气。每一个人、每一代人都会有自己的专属记忆,而每一个普普通通的老物件,伴随着长辈们走过一季季春种秋收的忙碌,见证着他们曾经日日夜夜的操劳。如今很多货架的商品都有着层出不穷的新造型、新颜色、新质感、新体验,但那些最经典的老物件总是有着浓浓的旧情怀,令人难以忘却。下一次,当你看到这些再平凡不过的老物品,是否也忍不住把它拿起来端详抚摸,想要急于分享那些曾经的故事?

我的作品选取了6种祖辈们最常用、最平凡的物件,借它们来表达祖辈们常常怀恋过去的情感,这是最真实的人之常情。

聂微雨

爷爷的房间

我的作业是一幅水粉画。"爱国"是一个亘古不变的话题，历史的车轮转动千年，爱国也沉淀为一种文化。我们的祖国是令人骄傲的。她曾经受过苦难、受过欺凌，但那样的逆境没有打垮她，她反而在磨炼中浴火重生、奋起直追，创造伟大。这一切都离不开我们的祖辈，是他们的团结进取、顽强

不屈，造就了现在的一切，我向他们致敬。我的祖辈只是平凡的中华儿女，但是每次与爷爷奶奶谈起国家与民族，在他们的言语中，总是流露着自豪之情。这让我深深地体会到，老一辈人对祖国的浓厚情感。

  在选取作业主题时，我本想展现祖国的伟大与强盛，但我又觉得，是一个个普通的人们和小家汇聚成了我们的国家。比如就在我身边的爷爷，作为一个老党员，他年轻时积极、正直、勇敢，年长后热爱国家，在平凡中透露着伟大，值得我们歌颂。于是，简单的墙壁与红色的字，一个党员活动室的简单一角，就构成了我的作品。也许这种方式不够完善，但我希望通过这些简单的笔触，表达出最朴实的情感——这就是一个普通人的简单生活，以及浸润在这平凡里的对祖国的热爱与自豪之情。

牟　瞳

水墨田园

我选择以黑色水彩画一幅水墨单色画，是因为一提起"中国"二字，第一个想到的可能是水墨画、书法……可以说，"水墨"是中国诸多代名词中很重要的一个。我想尽可能地以水墨的形式、以古代水墨画的感觉来完成这

幅作品，这是我和爸爸一起回老家时所看到的场景。画中有石头砌成的砖石小屋、青石板小路、参天大树，尽显一派乡村的田园美好景象。

  画中场景是我爷爷小时候成长的地方，虽然我不在这里出生、长大，但是每一次回老家，走在乡间小路上，一砖一瓦都觉得那么熟悉，都会有浓浓的归属感。我想把它画下来，展示我的家乡，展示我心中最美好的地方，并希望能以小见大，向大家展示我心中最美好的祖国。祖国与家乡融为一体，共同形成了我内心的归属。我们的祖国，不仅仅是大都市里的高楼大厦和川流不息的柏油马路，不仅仅是夜晚五光十色的霓虹灯，更是广袤无垠的土地和奔流不息的大河，更是与桃花源一般美好的田园乡村。以自己从小到大最熟悉的、最认同的美好场景，来表现我的祖辈与我的祖国，来表达对祖辈深深的敬意，对祖国深深的爱意，这是我完成这幅作品的初衷。

曹馨予

第三部分
一言一语叙中华

这一部分主要辑录的是学生与家人祖辈的对话语录。对话体这种方式，很好地呈现了与长辈对话的情境氛围，你一言我一语地拉家常，道不尽的是情深义重。

外公与牛歌戏

家里目前还健在的老前辈很多,恰好都是新中国成立前后出生的,但是我选择采访外公,是因为外公同是爱好绘画艺术的人,话题会比较多。由于回老家开支比较大、时间也很仓促,所以决定通过电话采访的方式,利用这次机会深入地了解在祖国改革开放后不断发展的这些年里,他的求艺之路和一些看法。以下是采访的内容。

问:外公,您幼儿时新中国刚成立,现在您还记得当初的社会景象吗?

答:新中国成立前我应该是两三岁,还记得一些童年的事。那时候刚结束战乱,人们的生活都很艰苦,没得吃、没得穿。解放军进村的时候,有些部队驻扎在我们村,每家每户都住着解放军。初始我们都没有见过解放军,村民全都往深山里面躲,不知道解放军是好是坏。那时候我被我大哥,也就是你的三伯爷背着跑,他大概也就十四五岁,那一夜我们躲在山里面。在我们村有一个我的堂叔伯,他的脚不方便,就没有走。解放军到我们村没有伤害他,他第二天就带着解放军进深山里找村民们回家。我的三公,就是我父亲的叔公,养了一头猪,解放军就买了他的猪去宰。我那时候被背回家见到解放军在我们厅底,村里的老人说,解放军是在地堂、厅堂打地铺,不进屋里,作风非常好。早上出操、唱歌,唱的就是"三大纪律"。

新中国成立之后,工作队进村的时候敲锣打鼓,开会斗地主,分田分地。那时我是被老人背去看的。农民分好田地之后,高高兴兴,对共产党很信任。每个村每天都会唱解放军的歌。那时候穷是穷,但是大家非常配合。工作队、村委书记来到村里,就算是村里最远的那一家,他们也走下去,同吃同住同劳动，跟农民百姓们相处得非常好。

问：当时国家的社会政策对您人生的道路产生了什么影响？您对解放军干部有什么看法？

答：我们小的时候，村委书记到我们这里开会，小孩子会去摸摸他的膝盖，他非常和蔼的。共产党员和农民都是打成一片，你去做工，他也帮你做工，以前的干部下村，各个人家都会叫干部进屋吃饭。

"文化大革命"的时候我还是"后生仔"。1963年去半日制的小学教书，教了两三年。因为那时候有些人家子女多，没有办法读书的，就来读半日制。交半斤米、几斤谷就叫你上一上午的课，下午有些要回去淘米、喂猪、看牛。1965年我和你外婆结婚后，就去打点工，做了没多久，生产队就派我到村里的小学当老师，教了两三年后就到校部的附中教书，做了10年的老师。1980年到1981年教附中的时候，还跟你爷爷住同一个宿舍。

1980年实行"包产到户"，你母亲跟舅舅们读书后家里的钱就不够供应了。有关部门说附中的标准不合格，我们准备被转正的这一批老师没有指标。那时候村里已经成立了半年的牛歌戏队，恰巧我的一个老师在县里文化馆做馆长，知道我对艺术有爱好，又会编戏，就叫我去做，我就辞了老师。没办法，家里个个读书，去唱牛歌戏一个月也有六七十块钱，所以我才坚持去文化馆带牛歌戏，做藤县文化戏剧队的队长兼编剧、演员。演了几年，三村五通每个大社我都去过。

问：毛主席在你们那一代人心中是什么地位？

答：我和你爷爷都在村里的学校工作，你爷爷做校长，我做语文老师。那天听闻毛主席逝世，整个学校的师生都哭了。就是我们新大村这一小块地方，天都受（伤心的、六神无主的）了。那时候我的父亲也七十多岁了，我放学回到家后看见父亲伤心地哭着，说毛主席逝世了。改革开放后的事你们也都了解了，我就不多讲了。我还是非常怀念毛主席，我们这代人真得非常怀念那个年代。

《梧州日报》对外公进行专题报道

外公牛歌戏演出照

问：我印象中您在我们本地的牛歌戏这一行比较有影响力，您在牛歌戏里负责什么呢？有什么自己的想法吗？

答：我写了好多的牛歌戏剧本，有些拍成了影碟。那时候的人喜欢看传统戏，帝王将相，积极的，比如说好的家庭伦理，行善积德。那时候牛歌戏都是以文化馆的名义自力更生。有场地的买票，没场地的包场，票价很低。牛歌戏本来就在我们本地很流行，当地的民众喜闻乐见，但是现在越来越不行了。牛歌戏谱曲很单调，好处就是有很多比兴的东西，雅俗共赏。但是那个时候没有人谱成曲，如果谱成曲式就可以登上大雅之堂。

问：您对祖国有什么新的期望吗？

答：我的希望是祖国能更加强大。"人不犯我、我不犯人"，当国家真强大时就没人敢欺负。

通过这次访谈，我大致了解了我们爷爷辈儿的生活环境和时代面貌。从没有温饱的日子到品尝山珍海味的日子，从没衣服穿到现在挑衣服穿，现在的年轻人已经无法感同身受前辈们经历的岁月。我们不能遗忘历史、遗忘前辈，唯有借鉴、学习历史，不断地思考，才能真正地前进，才能让祖国更加强大。

王柳月

观念的碰撞、融合与传承

我通过访谈祖辈来了解祖辈、了解自己，通过书籍知识与实践经验来塑造总结自己的"三观"，用以指导自己的设计专业学习。以下是我与母亲的对话实录，作为本次课程作业的思考成果。

问：你们在不同年龄段都为什么目标而奋斗着？

答：我生长在城市里，1975年上小学，当时的教育是为实现"四个现代化"而奋斗。就个人而言，听党的话，跟党走，没有什么个人的目标，所以积极要求进步，非常努力地学习，当三好学生、优秀学生干部，加入少先队，成为少先队大队长。我只是朦胧地感觉到，不能混日子，想象着将来长大了能有一份自己的工作，能独立地生活，自己能做主。就当时的环境和条件来说，考大学是唯一不靠父母、不靠社会关系的出路。

1980年开始，我陆续上初中、高中和大学，升学很顺利，依旧是好学生，得过很多奖状和证书，加入了共青团，成为团支部书记。因为是重点中学，又目标很明确，所以如愿考入医科大学，但其实这不是我喜欢的专业。之所以选择学医，只是因为学理科的，考虑就业问题，觉得比较现实而已。也就是说，学医毕业后肯定有工作，不用担心吃饭问题，能独立生活，基本达到儿时的目标。

1991年我大学毕业，当时有机会做教师，而且是一次性分配到出生地城市中心的国家部属单位，不用靠别人，所以我毫不犹豫地同意了，回到了父母身边，在学校当教师。我喜欢当教师，而且有优势，所以毕业至今从未改变过。20世纪90年代的教师生活还是清贫的，而医生的待遇因医疗改革蒸蒸日上，但我从未因此而动摇。后来随着社会的发展和顺应时代对教师的要求，我工作以后不间断地学习，拿到了英语专业的大专毕业证，医学专业的硕士学位，还被学校选送到澳大利亚去学习，这些都坚定了我的信念——做哪行，都要做好的；做好了，都行。

1996 年到 2014 年，工作稳定，我有了自己的家庭和孩子，所以人生的目标就是家庭和睦，孩子成才，考上理想的大学。为了实现这个漫长的目标，需要默默地奉献近 20 年，直到孩子顺利地上大学。生活的中心随着孩子小升初、初升高、高考而一直围绕孩子转，当在工作和孩子之间做选择时，为了孩子的将来，我只能选择孩子，因为孩子是祖国的未来、家庭的未来。随着年龄的增长，越来越感觉力不从心，所以不如在孩子不懂事的时候多帮帮孩子，否则一旦错过了孩子人生的大好机会，将来就跟不上了。而工作是可以适当调整的，也是看机会的。除了孩子，还有父母兄弟姐妹、外甥侄女等，都要有所关心，维系家庭和睦。所以人生不仅有工作，有事业，家庭也很重要，这近 20 年一直在奉献。

2015 年，你离家到外地上大学了，人生目标开始逐渐调整到锻炼身体保持健康；供你完成学业，少给你添负担；同时照料父母，颐养天年。工作上尽力尽心，为人师表。有机会走出家门，看看世界和中国，开阔心胸和眼界。

问：你们希望我成为什么样的人？

答：天下的父母都希望自己的孩子成为一个有用的人。何谓有用的人？首先，是一个自食其力的人，就是自己能养活自己的人。无论经济上，还是精神上，不依靠别人，自己能有一技之长，独立生活。在此基础上，善于与人合作，与人分享，共同做好一件事。所以，终身学习，不仅学习书本知识，练习各项技能，还要了解社会、了解人，参与社会生活，才会有丰富的阅历和内心体验，才能成为内心强大的人。

其次，是一个有道德底线的人。中华民族有许多优秀的传统和美好的品德，不一定要做到优秀，但一定要有底线。做人要有敬畏感，不能为了达到目的，不顾底线，不择手段，否则，人不报天报。所以，一定要不断学习和修炼自己，努力做到：人生高处不骄横，人生低处不沉沦。

再次，是一个知恩图报的人。人的一生，匆匆几十年，弹指一挥间，而且人生是单行道，没有回头路。所以，人生路上所遇到的每个人和每件事都是缘分，尤其是曾经帮助过你的人，一定要善待。举手之劳，请务必帮忙；能力所限，请真诚祝福。更不要忘记的是自己的祖国，无论走到哪里，记得我们是中国人。

最后，是一个能感受快乐和幸福的人，并且能把快乐和幸福传递给社会的人。快乐和幸福不是单纯用物质来衡量的，是靠每个人用心灵来感受的。独乐乐不如众乐乐，人生不仅要有工作、有事业，还要有爱人、孩子、亲人、朋友、同学、同事……所以，人生很丰富，躲也躲不过，勇敢地面对吧！祝你好运！

问：你们认为怎样才能成为一个合格的中国人？

答：首先，要爱国，以是中国人为自豪和骄傲，承认中国的伟大和不足，并愿意努力，以自己的实际行动践行社会主义核心价值观，为中国的发展和腾飞尽自己的微薄之力。

其次，要继承中国古老的传统和优秀的文化，古为今用，同时从本着开放和学习的态度，引进国外先进的理念和技术，洋为中用，强大中国。

最后，中国的迅速发展，正引起世界的关注。所以，作为中国人，无论身处何地，都要以中国的大局为先，弘扬主旋律，倡导正能量，传递中国梦，做合格中国人。

问：你们认为我作为血脉家族里的新一代，应该传承些什么？

答：作为血脉家族里的新一代，应该传承的有：

优秀的基因。这是生物学的概念，但很重要，因为就人生的发展而言，基因至少有一半的作用。

良好的家风。这是社会学的概念。近朱者赤，近墨者黑。家庭环境对人的一生影响深远，所以良好的家风，如真诚善良、尊老爱幼、崇尚学习、婚姻稳定、家庭和睦、互帮互助、勤奋上进，等等，对社会都有贡献。

爱国奉献之情。中国是我们的祖国，无论走到哪里，我们的根都在中国。所以有朝一日当羽翼丰满之时，报答祖国母亲的养育之情，奉献爱国之力，理所应当。

问：你们认为知识和实践是什么关系？

答：人类认识世界的一般顺序是先实践，得到经验，总结出知识，上升为理论。学生的学习过程是先读书本，掌握知识，总结成理论，指导实践，验证理论，发现不同，再反复实践，发现新的理论，从而不断加深对世界的认识。所以，知识和实践的关系是辩证的关系，对学生而言，知识是实践的基础和指导。或许应该说理论是实践的基础。这里的知识可能泛指理论了。只有掌握了足够的知识，以知识做指导，才能进行有目的的实践，就会效率高；实践是知识的检验和提高。学的知识再多，不经过实践的检验，难以应用和提高。只有把所学的知识在实践中检验，才会发现不同，才会从不同中找到提高和创新的机会，从而发展理论，充实知识；知识和实践相辅相成，互为因果。人类认识世界和改造世界的过程中，知识和实践缺一不可，二者不可偏废。具体运用，应灵活对待，依条件而定，都会有所成就。

问：你们都是共产党员，你们认为现在怎么做一名合格的共产党员？

答：首先，必须具有坚定的共产主义思想和信念。这是对每一个党员的基本要求。

其次，必须具备较强的组织纪律和法治观念。共产党员是社会的先进分子，理应有比较强的法治观念，促进我国的民主和法治建设。民主与法治是一个国家文明程度的重要标志，但对中国这样一个有着14亿人口的大国，没有一定程度的集中是不行的，因此组织观念也是一个党员必不可少的。

再次，共产党员应有群众基础，要有较强的爱国主义精神，保持廉洁的作风。党来源于群众，不能脱离群众。只有以平常人的心态待人处世，想人民所想，急人民所急，才能做到这一点。爱国精神是任何国人不可缺少的政治修养，尤其是在经济全球化的当今世界，更应该强调民族主义。腐败是廉洁的大敌，纵观历史，任何政党的衰落都是由腐败开始。不正之风是一个不容忽视的问题，要有清醒的认识，在日常生活中防微杜渐。

最后，思想理论方面的修养也是作为共产党员所必不可少的。积极自觉地接受党组织的教育，努力提高自己的政治理论素养和业务素质，坚定树立为共产主义事业奋斗终生的远大理想，也是合格共产党员的必需。

中华民族是一个伟大的民族，在这片神州大地上创造了光辉的历史，创造了源远流长、博大精深的中华文化。我很荣幸又自豪我是新一代中国青年，我继承着祖先的智慧结晶，我得到了祖先的美好祝福；同时我又感到责任的重大，背负着祖辈们的期望。无论我将来走到哪里，身处何地，我都不会忘了我身上流淌的是祖辈的血，是中华民族的血。我感恩，感恩养育我的父母，感恩我的民族和我的祖国。

宫天赐

每个人都是历史的创造者

钱穆先生在《国史大纲》中写道:"所谓对其本国已往历史有一种温情与敬意者,至少不会对其本国已往历史抱一种偏激的虚无主义,(即视本国已往历史为无一点有价值,亦无一处足以使彼满意。)亦至少不会感到现在我们是站在已往历史最高之顶点,(此乃一种浅薄狂妄的进化观。)而将我们当身种种罪恶与弱点,一切诿卸于古人。(此乃一种似是而非之文化自谴。)"为了更加深入地了解我的祖辈当时的生活状况,我欲在外公、父亲那里寻求一些过去的时光碎片。

问:您是什么时候去当兵的,当时是怎样的契机促使您去当兵呢?

外公:我是1965年12月去的部队。当时国民党要"反攻大陆",国家号召大家都积极参军,那时候我才18岁,和你一样的年纪。我是通信兵,大多是在野外进行各种大规模的军事演习,去过广西,也去过陕西西安,1970年底才回来。

问:"文化大革命"对您这一辈的生活有哪些影响?

外公:我回来的时候,已经到了"文化大革命"后期,对我们家庭没有什么太大的影响,我们被划分为"下中农",家里有几块地。从部队回来,我被

外公军装照

分配到邮电局工作，再后来经人介绍和你的外婆结婚。

问：当时的物质生活怎样？

外公：新中国成立没多久，当时自然灾害还是很频繁，我们也参与了很多人工水渠的开凿。家里的条件相当艰苦，那时一亩地最多产个300斤，粮食相当紧张。你们这些娃娃不可设想，饭菜就是一点米加一点菜煮在一起，经常还要去采山里的野菜当主菜充饥，哪会像现在这样浪费噢。

问：我们钱氏家族有哪些历史渊源？

爸爸：我们的祖辈在江南一带，是当时吴越国开创者钱镠（别称吴越王、钱王）的后裔，主要生活在现在的浙江、江苏、上海等地。大家耳熟能详和值得你骄傲的是，钱家出现了钱穆、钱锺书、钱学森、钱三强、钱其琛等响当当的人物。爸爸不才，却也算常德、湖南乃至全国刑事技术界的知名人士。钱氏家训（见下），你可以抽时间好好去看看的！"利为民所谋"就是对钱家的褒奖，爸爸希望你能秉承钱家家训，穷则独善其身、达则兼济天下，做一个对社会有所贡献的人！

附：钱氏家训

心术不可得罪于天地言，行皆当无愧于圣贤

曾子之三省勿忘，程子之四箴宜佩

持躬不可不谨严，临财不可不廉介

处事不可不决断，存心不可不宽厚

尽前行者地步窄，向后看者眼界宽

花繁柳密处拨得开方见手段

风狂雨骤时立得定才是脚跟

能改过则天地不怒，能安分则鬼神无权

读经传则根柢深，看史鉴则议论伟

能文章则称述多，蓄道德则福报厚

问：1977年恢复高考对您有什么深远的影响？

爸爸：当时我才8岁，但是从上学以来，爸爸就深深地感觉到高考对于改变农家子弟命运的重要性。当时爸爸要跳出农门只有三条道路可走，一是读书，二是当兵，三是经商。那么高考呢，对贫寒子弟来说，相对是最公平的途径，那就是凭借自己的能力展示自己、改写命运。

我的爷爷当时算得上是一个地主，家境殷实，但他并没有被划分成地主，这一点归功于他的前瞻性。他辛苦大半生，攒了一些钱买了一些地。在他听到了风声说是国家政策有变，便把那些雇农召集起来，将土地分给了他们。这之后，虽然以当时土改政策的标准，我们这个家族本应该划分成地主，但经我爷爷一变通，我们家族就被划分为富农了。富农是一个既不受表扬也不受批斗的阶层，于是才有了你爷爷这辈子较为安稳的生活。他送长子，也就是你的爷爷去读书，你的爷爷才有了比同村人更多的学识。记得我小时候，要跟着哥哥们一起插秧干农活，经常被蚂蟥叮，就算用刀把它切断了，它的小吸盘还紧紧地吸在皮肤上，所以只能使劲地拍打不计疼痛地赶它走。那时我就暗暗地下定决心一定要走出农村，所以爸爸经常躲在屋子里看书，你奶奶看见我这么爱学习，也就很少叫我出来干活了。你爷爷奶奶相信，你爸爸的命就不该是留在乡村种田，而是一块读书的料。我也经常去县城一些书铺里买一些降价出售的书，因为当时家里情况不好，而买书是一件很奢侈的事。我也常常去同学那借书，开阔自己的视野。最难以启齿的一件事，爸爸说给你听也无妨。高二那一年，有一次爸爸坐轮渡过江去买书，可一不小心将身上的钱几乎都用于买书了。准备买船票的时候才发现，兜里只有2分钱，而一张船票当时是5分。爸爸一张船票都买不起了，无可奈何只好绕了很大圈子走回学校。这么多年过去了，当时的情景还历历在目，真是一分钱难倒英雄汉啊！

问：现在的大学都扩招了，您当时高考是什么状况？

爸爸：我高考那年招生压缩人数较多，上大学是一件很不容易的事情。

可我相信，不管什么情况，国家都需要人才，作为学霸的我肯定会有更好的空间去发挥才华。高考之际，你奶奶身体不好，我天真地以为，只要去上医科类的大学，就能靠自己的能力治好母亲的病，于是，我将三个志愿都填上了北京医科大学。当年我取得了590分的高考成绩，但很遗憾未被录取，阴差阳错地后来被西安医科大学（现西安交大医学院法医学院）录取了。不过，孩子啊，人生没有"如果"之说，好好珍惜你现在所拥有的一切才是最重要的，即使我没有去成我向往的大学，但也不会遗憾，更不会怨天尤人。人生就是这样，一切都是最好的安排，好好珍惜你的央美时光吧！

问：如今科技发展太快，您怎么看待手机的价值？

爸爸：当时，电话对于我们来说，是可望而不可及的东西，打一次电话绝对算是高消费了，BB机都是后来才普及的。而现在手机变成了日常用品，人与人的交流变得如此快捷，有利有弊吧。要是当时信息没有那么滞后，能有个指路人引导我，那该是多么美妙的一件事啊，可爸爸绝不后悔。手机虽能让信息交流更加直接和及时，可人要不忘初心，不为外界欲念所惑，好好珍惜当下，珍视你拥有的一切。孩子，爸爸愿意做你的贴心人，加油吧！

问：您对"读书改变命运"这句话，应该深有体会吧？

爸爸：是的，读书确实改变了我的命运。我的同龄人之中有人初中毕业后就去打工，现在老人和孩子留在乡里，孩子没有接受好的教育，老人家靠低保过活。我和你妈妈努力学习、奋力拼搏，在市区买下了房子，让你在市一中享受到了全市最好的教育，差别是不言而喻的。幸运的是，你也特别争气，能顺利考入中央美术学院。这个中国美术的最高学府有你一席之地，我相信你一定会珍惜这个难得的学习平台，切记要对自己有信心啊！

在谈起往事时,很多人会热泪盈眶,仅需要一个出口,时间的洪流便喷涌而出。叔本华曾说:"每个人都把自己的视野的极限当作世界的极限。"山河见证了往事,往事化作父亲轻描淡写的一席话,或像外婆那一钵简单的红烧肉炖土豆,温情存在并洋溢着。

钱雨珑

一个时代的见证

所谓祖国,并不只是书本中和新闻里空洞的口号,是穿城而过的河,是脚下踩的一方土地;也是李杜的诗篇,苏辛的词章;更是远行的背囊,温馨的家园。我们的祖辈曾为这个国家浴血奋战、艰苦奋斗,奉献自己的青春热血乃至生命,我们当下的生活正是他们付出的成果。当然,这个成果肯定不是完美的,历史总是在矛盾之中发展,应当以辩证的视角看待。历史总有其局限性,但一代人只能干一代人的事。半个世纪前的人们当然无法预料到今天这个时代的问题。更何况,也就是因为有了不完美,我们这一代人才有将其变得更好的目标,并为此而努力奋斗。

我在此次课题中选择了我们这代人仅仅耳闻、从未使用过,但在祖辈们的生活中却经常用到的物品,它们经过岁月的洗礼,触摸起来有了历史的温度,给了我深入地思考。

一、当年的粮票

今天我们可能很难想象,曾经有一个时代事关人们生存的最基本的食物需要凭票供应。更使我惊奇的是,这项制度在共和国历史上存在了近四十年,直到1993年才废止。

粮票仅仅是那个计划经济时代的一个缩影。在第十一届三中全会决定改革开放之前,物品凭票供应就是祖辈那一代人生活的常识,小到粮油、大到黑白电视机、自行车都是凭票证购买。也就是说,再有钱的人,如果没有票证很多东西都买不到，而粮票是政府部门发行到个人的，每人每月有定额。不难理解为什么它也会被认为是"第二货币"，也可以形象地了解什么是"计划经济"。《当中国统治世界》中引用数据"（中国的人均GDP）在1950年仅为439美元，但在接下来的30年中，（中国）GDP总量翻了两番，人均翻了一番，平均年增长率达到4.4%"。在那样的非常时期国家最大程度上解放了生产力，几乎从零开始发展工业，使我国经济水平实现了总量和人均上的突破。

二、游梁式抽油机（磕头机）

这种机器大概5米高，是一种较为落后的采油设备。由于适应性较强，遍布了中国几乎所有的油田，东到黑龙江大庆，西到甘肃玉门、新疆克拉玛依。尽管它的效率低，但是这种大量生产的设备仍然是当时石油开采几乎唯一的选择。根据胜利油田管理局数据显示，自1961年开始实验性打井，到1973年油田出油量突破了千万吨大关，1978年成为中国第二大油田，1987年出油量突破3000万吨。在数据和成绩的背后，就是一名名普通石油工人和一台台同样普通、被他们称为"磕头机"的采油设备。

1964年，姥姥和姥爷在"华北石油勘探会战"时从大庆油田抽调到胜利油田。作为新中国第一代油田人，他们经历了油田最艰苦的岁月，直到20世纪90年代之前，姥姥一家七口人都住在砖瓦的平房里。由于轻工业产品的匮乏，他们的日常生活用艰苦形容毫不过分，"除了石油，什么都缺"是那一代人乃至母亲一代的集体记忆。在这样的条件下，他们生产着被称为"工业血液"的石油，支撑起一个国家。

"八分场"是伴随了他们一辈子的烙印，哪怕房子从平房变成楼房，但依然是家；门前的路改称东四路，却依然通往采油大队；胜利油田变成了东营市，却依然遍地是磕头机。在他们眼中我已经很难定义油田到底是一个怎

样的存在实体,它是一个大家庭,也是工作的单位,也是那一代人赌上青春和热血为之奋斗的目标,是他们一生的回忆。

无论是粮票这种普适性的生活必需品也好,还是类似"磕头机"这样特定的事物也好,它们都见证了祖辈的时代。在那个特定的时代,祖辈们也有着与现在截然不同的生活和目标,而造就这些的也恰恰是那个时代,不论我们对它褒扬也好贬低也好,它就在那里。为现在一切奠定基础的不是别的什么,恰恰是我们的祖辈和祖辈们组成的祖国,这便是我通过这个课题所思考到的。

三、我对奶奶和姥姥的部分采访

(一)奶奶

职业:小学教师

时间:2016年3月20日

采访方式:电话采访

问:奶奶,我前两天从家里翻出来一堆粮票,挺好奇这东西的,您给我讲讲吧?

答:这个有啥好讲的,就是当时买粮食要同时拿着粮票和钱,不是早就不用了吗？还留着干什么？

问：您觉得不稀奇，我这不是没接触过嘛，您就说点跟这个有关的故事呗。

答：那时候粮票一个月发一次。每次发下来用得比钱还仔细，拿着粮票去粮油站买粮食，当时人挤人，每个月就来这么一次（笑），每次还不能都用掉，得在家存上十来斤备用，都拿油纸包好放衣柜最里边。

问：我听我爸之前说每个人有定量来着？

答：对对对，你爷爷和我是30斤，小孩28斤，工人发的倒是多，是35斤，要不当时都愿嫁工人。

问：我爸还说出来上学时也时常吃不饱（笑）。

答：对，当时他学校发的粮票一个月35斤，我那阵一拿到粮票就往邮局跑，给他寄粮票，吃不饱怎么上学。

问：啊，我爸好像没都用光，现在留着的就是您寄的1978年的这个粮票吧？

答：那可能是吧。

（二）姥姥

职业：采油大队职工

时间：2016年3月18日

采访方式：电话采访

问：姥姥我这边有个作业，我想写写油田的事儿。

答：行啊，想问啥？

问：您随便说说吧，我妈以前也不怎么跟我聊油田的事。

答：我和你姥爷从大庆来这边（胜利油田）是1964年的事。当时搞那个"华北石油大会战"，从大庆油田那边调人过来，可壮观了，一排排的管子机器，那些个工人吼着石油号子干得可带劲了。钻井出油的时候都是一股一股地往外喷啊，我们都离着很远，防止烫着，我记着最多那口一天就喷出了500多吨吧。

问：我就觉得磕头机好玩。

答：那东西好玩啥，每天都见，看它抽油能急死喽！

问：您那时候刚来条件怎么样呢？

答：那能好到哪儿去，大家都住平房，咱家住了二十多年平房才换的楼房。刚来那时候出了大院的门就是一条公路，公路这边是当口粮的稻子地，那边就是盐碱滩，太阳一照白花花地晃眼，别的不长，专长芦苇和带着刺的杂草，芦苇比人都高。

问：那吃的啥呢？

答：那些石油工人肯定不缺啊，最常见的是猪肉片什么的，一般人是吃不到的。你姥爷有时候带猪油渣回来，拿酱油拌米饭，那就算好吃的，但当时你妈妈还不肯吃，嫌腻。

问：所以就数她瘦，是吧（笑）？

答：哈哈，就是啊。油田这边吃的倒是比农村好，但是干的活也比农村累多了啊，有时候都要拼命啊。那时候大庆铁人王进喜那就是在玩命。不说那个，平时就在野外打地铺睡觉一两年回不了家，谁受得了啊。

问：现在油田比从前先进多了，也没有跳进去用身体搅和的了。

答：是啊，当时哪想过这些？当时石油会战喊口号"宁可少活二十年，拼命也要拿下大油田"（这应该是姥姥记错了，该口号是大庆石油会战时喊出的），就拼命干活，就想以后过得更好。

问：那您很自豪喽？

答：（笑）。

韩知松

我与爷爷的交谈

我曾同几位艺术家交谈过,说到当前文艺界里最突出的问题,他们不约而同地说了一个词:浮躁。浮躁也是我的一个很大的问题,在我对爷爷的电话访谈中,他也告诫我"戒骄戒躁"。

2017年初,爷爷在家门口的小院里

问:爷爷,你曾经作为一名军人,也是建设社会的一分子,我想知道,在这条路上,你与文化、艺术等都有些什么样的接触,你又是怎么看待的?

答:小的时候家里很穷,抗日战争结束后没有多久我便参了军,一是为保家卫国，二是为吃饱穿暖。其实在那样的状况下，吃饱穿暖这一条也依然是一个奢望。谈文艺在那样的情况下是非常不现实的，在与敌人和饥饿作斗争的日子里，我所接触的文艺大概也就是随身带的一本《水浒传》了。

问：为什么四大名著中偏偏是这一本呢？

答：我想那也算是一种对自我的希冀吧，愿自己有豪情、有壮志，不惧生死，不愧初心。

问：看书的时间很少吧？

答：的确如此，不过时间要挤，总是有的。我也在空闲时根据书中的描述，画出各个人物的样子以及一些场景，可惜战乱间实在是不好保存。我在四川剿匪时，一次匪徒半夜想要转移，我方内线收到消息，全连乘胜追击，走得匆忙，混乱中落在哪了也就不知道了。

问：天哪，太可惜了。对了爷爷，我记得你说过当年中央领导曾到咱们镇上来，还与你握过手，具体是什么情况啊？

答：是的。那时候我已经退役了，分配到镇上的农行工作。那次中央领导下来视察工作，提出要见见退役老兵。我剿匪时小腿上中过一颗子弹，与另外几个老兵和领导聊天时，他听闻此，走时与我握了手。那次中央领导来，也是给大家强调文化的重要性。

听说你考上中央美术学院，我实在是很高兴。我们因为没碰上好时机，只能把它作为一门兴趣。你既然要走这条路，那就好好走吧，千万别浮躁，做什么事，想明白就不会错。这也算是我的经验吧。

敖燕茜

旧相册与新问答

从前家里人喜欢留存照片。柜子里旧相册的一张张老照片,似乎是回忆最直接的入口。关于我家,在有我之前与有我之后的这二十几年,我的父亲、母亲、祖辈经历了怎样的故事呢?以下为我与父亲的访谈实录。

父亲母亲的结婚照

问:您经历的国家大事件及政策有什么?对您的生活有什么影响?

答:主要是改革开放。我生于1970年,正值"文化大革命"。那几年从农村到城市,物资匮乏。当时我们家住在城郊,人人靠票证买东西,到国营食堂吃饭要粮票、买布要布票、买肉要肉票。9岁之前,我没感到自家的生活每年有多大变化，每月到粮站按粮本和定量买粮，吃的主要是粗粮。计划经济时代，国家在自力更生、艰苦奋斗中，艰难地度过了"文化大革命"。1978年党的十一届三中全会后，全国迎来了改革开放的春天，城郊恢复了集贸市场。你老爷爷、老奶奶做起了小本生意，爷爷奶奶的工资也渐渐提高，市场上的商品也渐渐丰富起来，我们从主要吃粗粮到主要吃细粮，家里也渐渐有了存款。1981年春节前，家里买了第一台飞跃牌9英寸黑白电视机。1985年，我们又换了北京牌18英寸的彩色电视机，后来又建了两次房子，由平房搬进了楼房。2009年，咱家也买了轿车，生活虽尚不富足，但靠爸爸妈妈的勤奋工作，我们也基本过上了小康生活。"四个现代化"已经实现，国家越来越富强，在国际上的地位也越来越高，特别是在习近平总书记的带领下，中国梦一定能够实现。

八一幼儿园（我从小也在军营长大）

问：您曾是军人，如今是警察，您认为对于这两个职业最重要的是什么？

答：军人的宗旨是全心全意为人民服务，警察的宗旨也是全心全意为人民服务，这都与党的宗旨是一致的。作为军人时，巩固国防、抵抗侵略、保卫祖国、保卫人民、保卫人民的和平劳动是我的职责，主要是对外；作为人民警察时，我的职责主要是预防和打击违法犯罪、维护社会治安及其他社会管理工作，主要是对内。但这两个职业是相通的，就是一切都是为了人民的利益！要干好这两个职业，心中有人民、一切为了人民，也就是要有全心全意为人民服务的宗旨意识，也只有这样你才能干好，才能宠辱不惊，才能胜任。

问：您认为我们的社会目前还有哪些问题？您希望祖国的未来是什么样的？

答：我们的国家很大，改革开放以来，最突出的成绩就是国家富强了。我希望未来人民安居乐业、生活富足，大大提升幸福感，各行业发展科学有序。每个人都对自己的事业和前途充满希望，没有战争，没有犯罪。国家成为不结盟、不称霸的世界强国，周边国家和平共处。

问：您希望我以后能够成为一个什么样的人？您觉得年轻人应不应该关心政治？

答：爸爸首先希望你学有所成，成为一个对社会有用的专业人才，成为一个突出的、顶尖的设计大师更好，但爸不给你压力，你尽力了就好。这就是说，你要先通过学习具备一个男人养家糊口的本领——挣钱。其次希望你不管在哪儿都能交到无话不谈、相互信任的朋友，人际关系和谐融洽。再次希望你能找到一个称心如意的对象，以后有一个幸福和睦的家庭。最后希望你不管干什么工作都能保持一颗真诚、善良的心，永远健康、快乐。年轻人应该多关心政治、关心国家大事，你姥姥70岁了还天天看国际新闻，就是为了保持一个清醒的头脑。但学生关心政治不能激进、不能盲从、更不能迷信，要时刻保持一个清醒的头脑。这就需要把马克思主义和唯物主义辩证法学好，有了理论功底，你看问题就会有自己正确的判断了。

胡润祥

祖国，祖辈与我

我说

我今年18岁。过去的18年，我可以用我的双脚去丈量我走过的每一寸土地，但那不是祖国的全部领土；我可以背出大段的中国历史，却不能亲历岁月长河中祖国的沧海桑田。我以为，升旗仪式是我对这个国家的敬意，书写汉字是我作为中国人的身份象征，饮用着长江水，享用着祖国大地上生产的食物，这便是我和我的祖国的血缘关系，可这是每一个中华儿女都拥有的基因。而祖国之于我，应该远不止这些身份上的认证，在我存在之前的大段时间里，在我未曾经历过的地方，发生了什么才形成了如今的祖国和现在的我呢？对于此，我知之甚少，但我的祖辈知道。

姥姥、姥爷说

我们在儿童时代经历了祖国诞生，那时是一穷二白，百废待兴。共产党领导穷人闹革命，目的就是让广大人民群众不再被奴役、受压迫，都过上好日子，所以新中国成立初期党的大政方针就是迅速恢复国家的经济建设。那时的我们刚从学校毕业，被分配到了国企，我们一踏上人生事业的舞台就自然地融入祖国方兴未艾的建设大潮。1965年，响应国家号召，我们告别了辽阔的东北平原，跨越千山万水，参加大西北建设。时值国家经济复苏，人民刚从困难时期挣脱出来,凭粮票、布票、工业票购买生活用品,工资收入是30元左右,40元已是人们羡慕的阶层。尽管如此,我们还是坚守在"腊子口"的"新林海雪原"上。那个时代,在"不怕苦,不怕死"的精神感召下,王进喜、焦裕禄成为时代的楷模,成为人人歌颂学习的榜样。

"文化大革命"的十年,是全国动荡的十年,也是我们坚守岗位的十年。企业生产的木材源源不断地运往全国各地,支援着国家的工业、农业和手工业建设。那时我们组成了家庭,并育有一男三女。工资收入虽有增加,但人均收入仍不高。很多家具由姥爷业余自制,破旧的经常修修补补,简陋却朴素;子女们的布衣和鞋子靠姥姥晚上在灯光下手工缝制,或拆掉劳保手套线编织线衣、线裤以御寒。虽辛苦万分,但能为子女提供一个整洁、温暖的环境,我们都很欣慰。

20世纪90年代初,我们的4个子女相继就业,我们也年近花甲,相继退休。按说我们该松口气了,可国企面临改革转型,2000年大女儿辞职下海,儿子离岗经商,小女儿也被买断工龄、另外谋职,他们走上了再创业的道路。退休后的我们实际"退而未休",随着子女移居重庆,帮助子女料理些家务,照顾培养孙辈,成为家庭的"后备军"。

十几年过去,现在你们都相继进入大学校园,只有一个最小的弟弟尚未毕业。我们余暇养几盆花草,随季节更替,看花开叶落,傍晚散步于公园之中,看云卷云舒。偶尔也故地重游,回工作过的地方寻老友共忆青春岁月。退休时工资只有300多元,经十几次涨工资收入也有2500元了。虽然身体每况愈下,但就医能由医保报销,我们也能安度晚年了。

我说

姥姥、姥爷的故事对我而言,开始是存在于历史教科书中的一个运动、一行标语、一段文字,但是渐渐地,它从书中走了出来,走进了我的血脉、走进了我的家庭、走进了当下的这一分钟、这一寸土地。那些词语、那些历史从未这般鲜活地出现在我的生命中。

我的祖辈是亿万参与建设新中国的人民群众中的一部分,他们跟国家连为一体,每一个家庭都与国家的命运紧紧相连,国家的每一个政策也都与百姓的生活息息相关。以至于每每想起那个时代,总是一幅浩浩荡荡、热情洋溢的场面。

到我的时代依然是这样。从我的爸爸妈妈的下岗、再就业,到我的姥姥姥爷和别的老人一样帮着年轻人照顾教育孩子,这是我的家庭的曾经和现在,也是万千家庭的曾经和现在。一个家庭的面貌反映出整个中国的形象,一个家族的历史折射出整个中国的历史。

这样的宏大场面深深印在中国人的心中,因为我们不容许抛弃自己的国民,所以有了普及义务教育;因为我们以和为贵,所以我们实行平等团结的民族政策;因为我们不想再被遗忘在世界之外,所以有了改革开放……也许这就是外国人眼中的"中国模式",但我们的祖国从没有因为外部的动荡和曾经地位的落后而打乱稳健的步伐、屈从霸权,所以才聚拢了近14亿人民的心,才成就了泱泱大国的胸襟气魄。人民也在同祖国一起走过的每一步中感受到了生活的巨大进步,从解决基本的饥寒问题,到城乡一体化高速发展。中国就是这样一个人民当家作主的国家,中国的建设发展史也是一部人民创业史,只不过是这部历史中没有恃强凌弱的嚣张,没有等级划分的残酷。这是一部艰辛、独立、温暖的历史,将由我的祖辈传给我,由无数后辈们继续书写下去。

赵 宇

黄河边上的对话

我的祖辈生活在黄河两岸，他们在这条万年的生命长流的陪伴之下见证着中国几十年间的巨变。黄土高原上的人们勤劳勇敢、任劳任怨，靠自己的力量生存与生活，直到现在，那里乡村的人们多数还是以农业为生。毋庸置疑，中国这几十年的变化对任何一个从那个年代走来的人来说，都是难以置信的，也会让我们这些小辈充满好奇，想要感受这种沧海桑田的力量。

在我的长辈中属爷爷最为年长、经历最丰富、故事也最多，但爷爷不幸患上癌症，于2015年末与世长辞。很遗憾不能采访爷爷本人，但是我带着对过去的好奇与爸爸有一段交谈。

问：爸爸，爷爷是一个什么样的人呢？

答：你爷爷从小就很爱读书。9岁入学，由于家中生活贫困，15岁时退学回家。16岁，凭着自己的初中文化程度，被农业合作社任命为记工员兼大队出纳。18岁时被派到镇公社学习医疗保健知识，回来后担任农村医生，为全村男女老少打针送药。身兼几职的他从来没有因为事务繁忙而耽误一天农活，经常起早贪黑，走在人前、回在人后。

你爷爷话不多但是为人善良忠厚，身材矮小但是正直勇敢。19岁那年，他又被派到镇公社学习文化知识，回来后又兼任了农村扫盲员，为社员宣传文化知识和共产党的方针政策。由于父亲在村里村外的积极表现，1962年，经老共产党员介绍，加入了中国共产党。

你爷爷19岁时和你奶奶结婚，后来生下5个子女，此后辛苦养育儿女并尽力让我和你大伯接受良好的教育。尽管后来因为表现优异被选为村支书，但是仍然入不敷出。为了多挣几个工分养家糊口，队里的重活他抢着干，曾经代表生产队拉过船、打过长工、做小买卖贩过卤水和米面。那个苦难的年代谁都一样。

在这种情况之下，你爷爷依然没有放弃对子女的教育。1978年后，实行土地家庭联产承包责任制，他又不辞劳苦，起早贪黑，边种庄稼边放羊，顺便抽空栽枣树和其他果树供我上学，你爷爷经常把自己亲手养大的羊一只只卖出去，以筹集我的学费。他非常爱子女，在村子里也有很高的威望，他是一个普通而伟大的人。

黄河与家乡，2016年摄于佳县

问：我觉得那个时候的人或多或少都有这种特质——尽管生活艰辛，但是精神是丰富而强大的。我很好奇在三年困难时期，爷爷是怎么带领全家渡过难关的呢？

答：勤劳而正直的人上天会庇护的吧。困难时期本来就少雨的黄土高原根本不可能让人们自给自足，但你爷爷抱着侥幸心理在屋后开垦了一片地，撒上了仅存的南瓜种子。那片南瓜地居然神奇地连续三年丰收，甚至比往年收成好的时候还产量丰硕，于是一家7口人就这样度过了饥荒的危机。

问：您觉得使我们生活变好的原因是什么呢？和时代的变化关系大吗？

答：首先还是要感谢你爷爷对我教育的坚持不懈，让我成了村子里第一个大学生，是为数不多走出去的人。在父亲的培养和教导下，我们姊妹五个都是好样的，个个都有了幸福的家庭。哥哥当兵回来后考上了陕西省人民武装学校，毕业后成了乡镇干部。我是家里最小的，从小爱读书，父亲不惜一切代价，东挪西凑交学费，终于培养出了一个在当时农村来说很少见的大学生，毕业后当了一名光荣的人民教师。我也深知自己接受教育的机会来之不易，因此刻苦学习。

可以说现在的生活是你爷爷那个时候的人无法想象的。世界变化太快了，中国变化太快了。我们这个年龄的人想要跟上时代都已经力不从心。现在的年轻人处于更快更剧烈的时代变化浪潮之中，机会多也容易错过。你爷爷辛苦一生，终于在后半生安享晚年，去世时也走得安详。

有时候，我会觉得父辈们的故事像是《平凡的世界》中所写的情节一样，毕竟作者和我来自同一个地方，脚下的土地在几十年前还是同一片土地，但是生活在上面的人们和环境却有着天壤之别。正是千千万万与国家共同渡过难关的像爷爷一样的人为中国崛起打下了基础，他们是中国能在近几十年高速发展的力量之源，平凡人们的伟大精神品质应该源远流长。

黄土高原，2016 年摄于佳县

今天的中国还在努力发展着，不骄不躁，问题虽多但会逐步解决，用实力证明自己的力量。无数的各行各业的人民都在奋斗着，他们用自己的方式助力中国崛起。在我看来，真正的崛起不仅仅是 GDP 的提升，也不仅仅是有多少高楼大厦的国际都市，而是作为一个文明大国应有的泰然自若、包罗万象。中国承载着众多的希望，她没有辜负每一个为她付出一生的人。中国在变化着成长着，身为中国人我充满骄傲。

杨宇森

爷爷的画笔

访谈前记

大一下学期的第一节思政课，在知道作业题目"我的祖辈与我的祖国"后，我的脑中闪过无数的艺术前辈，各种大名鼎鼎的、特立独行的艺术家，最后却定格在一个人的身上——我的爷爷。他不仅是我的亲人，同时也是我最为尊敬的艺术前辈。

爷爷喜爱绘画，并为此投入坚持长达 60 余年。看到这里你一定会问我：这么多年以来的坚持，你的爷爷一定是画坛上十分有名的画家吧？我只会回答你：爷爷是平凡而伟大的人。他既不是为人所称道的绘画名家，也不是与艺术相关的企业大亨，而是一个对艺术有着近乎痴狂热情的平凡小老百姓。正是这份狂热，孕育了小小的我心中的央美梦，并影响了我的一生。

我的家乡福州因遍布榕树，有个好听的别称叫作"榕城"。城市的空气温和清新，氛围也十分轻松悠闲，和北京的快节奏生活形成强烈的对比。爷爷是土生土长的福州人，自打我记事以来，看到的总是爷爷哼着小曲儿给屋顶的花园浇水施肥和跟奶奶慢悠悠地谈天散步的背影。随着城市的发展、社会的不断变迁，曾经的古街三坊七巷被重修成商业气息满满的街道，旧巷子尽头一排排的木房子也全部拆迁重建成高楼大厦，曾经街道上悠闲漫步的人们也渐渐奔走忙碌起来，我也渐渐为愈来愈繁忙的学业而焦急苦恼。但爷爷却不一样，依旧有规律地画画、外出采风、工作、做家务……不急不躁，心平气和，仿佛世间万千烦恼都打扰不到他老人家自己的小世界。

爷爷出生时正好赶上抗日战争，经历了令人难以想象的艰难与漂泊。我出生后，他总是喜欢让我坐在小椅子上听他讲他小时候的故事，常常面露兴奋之情，情绪热烈激昂。爷爷那一辈非常贫穷，只有过年时才能吃到丁点的肉末，平时就只有拿自己家种的地瓜煮粥。记得我小时候特别爱喝地瓜粥，他却连味儿都不想闻。但是，正是这样贫苦的生活造就了爷爷稳重勤奋的性格和对艺术追求的坚持。

爷爷从小就痴迷国画和书法，家人省吃俭用支持他购买画材。白天搬着小板凳坐在田野旁写生，家里没电了就在路灯下写小楷，日日如是。我总是能应景地想到在那个充斥着饥饿和战乱的时代，一个穿着开裆裤的小朋友，蹲在昏暗的路灯下，一笔一画书写自己梦想的样子。爷爷擅长水墨画，无论是花鸟鱼虫还是仕女孩童都有自己个性的表现手法。我总是开玩笑说爷爷可以自成一派，并命名为"邓氏水墨"，老人家总是嘿嘿笑着揉着我的头发叫我不要胡闹。爷爷也擅长写行书和楷书，教我临摹赵孟頫的《千字文》和王羲之的《兰亭集序》，可惜儿时的我总是对书法提不起兴趣，因而所学甚少。60余年里，爷爷做过公路局的小职员，做过工厂里包装药品的流水线工人，做过教国画和书法的老师，却始终没能成为一名画家。

"我一生最大的遗憾，就是当年没有钱上中央美术学院。"从不抱怨的爷爷，却不断地向我表达这份遗憾。艺考集训的时候，他经常提着屋顶花园里种的甘甜水果来探望我。坐在我身边看我画画的时候，爷爷总是忽然失神，面露落寞之情，周围的人甚至爸爸妈妈都没有察觉到过，可我知道。"妹啊，你要考上中央美术学院。"爷爷不止一次地低声对我说道。这句话的分量和意义是如此沉重啊。

我一直觉得，这份作业给了我一个很好的机会，让我可以全面细致地采访、了解爷爷。虽然很多事情在我还是歪着脑袋的好奇宝宝时就已经了解了不少，可长大后发现渐渐老去的爷爷时，拼命地想要伸手去抓住些什么——

爷爷的过去、爷爷不想忘却的回忆、爷爷的梦想以及对自己的期许，全部都想紧紧地抱在怀里。

访谈实录

问：爷爷，能给我讲讲您和中央美术学院的故事吗？

答：那是 50 多年前的事情啦，以前喜欢画画嘛，哪个爱画画的人不想考中央美术学院呢？我当时特别喜欢看徐悲鸿先生的画集，当着宝贝一样地天天抱着。后来我 19 岁的时候拿到了中央美术学院的通知书，别提有多开心了，这就像是你当时考上的时候一样。记得当时收到通知书的时候，肚子不饿了，干活也有力气了，总之一切都是那么地充满希望！

问：那么当时为什么没有去报到呢？

答：唉！当时爷爷家里穷，根本拿不出钱供我去北京读书，正好村里给介绍了一份在工厂的工作，薪水不错。在那个年代里想要当画家难上加难啊，更何况自己的家境又不好，我便接受了，还考虑着工作后攒着钱了再考一次。现在很后悔，当年就是徒步走去北京也好啊。

问：哦……之后没有再考吗？

答：一直没有机会，一直错过，最后也没有再考了。后来和你奶奶结了婚，建立了家庭，这件事就永远搁置了。但对于中央美术学院的渴望还是与日俱增，想着那年要是去了，也许会遇到许多志同道合的人们，一起写生，一起创作，一起讨论。唉！别提多向往了。

问：您肯定觉得很失落。

答：当然啦，不过我不记得当时是几月几日报到了，50 多年前的事情实在记不清楚了。但我想起报到时间截止的那一天，我一整晚都没睡着，爬起来偷偷开门出去坐在田边，就那么坐着，一直盯着远处的地平线。盯到太阳从地平线上慢慢升起，就开始忍不住抹眼泪了……不过现在想起来，虽觉遗憾，当时心痛的感觉已经消失了。一切都会慢慢过去，时间就是这样神奇的东西。

爷爷云淡风轻地说着话，我的眼眶却红了。我开始后悔自己问了这些问题，于是接下来我就换了一些轻松自然的话题。

问：爷爷最喜欢的画家是哪位呢？

答：那可多了去啦，要说最喜欢的应该是欧豪年先生，他是台湾彩墨画家，花鸟画得可真是好！你应该在学校的图书馆找找看有没有他的画集，一定要多看看，对你会很有帮助的！另外人物画家史国良，青绿山水画家王飞飞，都是我很喜欢的画家。

问：爷爷能举个例子说说欧豪年先生为什么如此吸引您吗？

答：我最喜欢欧教授的拖泥带水法，他对水墨的浓淡了解特别精细。你接触过国画也知道，在中国画中，最难的事情便是控制墨的浓淡和大小，但欧教授能很好地把握住，而且还经常使用中国传统画中的留白来传送画面中虚无的含义，画面总是充满生命力和情感，正是这一点非常吸引我。绘画作品的价值不在于颜色多么得绚丽、技法多么得娴熟，而是如何将你的感情表达到位，更重要的一点是你所表达的情感能够被观者所接受、所理解。如果都做到了，那么就是一名成功的艺术家。

访谈后记

我曾经常常替爷爷感到惋惜。人总是那么渺小，渺小到连自己渴望多年的梦想都可能无力去实现。但爷爷却这样告诉我："成就感是做自己喜欢的事并把它做好，梦想也是如此。我的梦想不仅是进入中央美术学院学习，能够永远保持对艺术的这份热情和坚持，才是最终目标。我想如果哪天我放弃了画画，放下了手中的画笔，也相当于是放弃了自己。可现在我都快 80 岁了，对画画的热情依然没有退温，这便是我最值得骄傲的，这也就足够了。现在这样活着，挺充实幸福的。"

听到这里，我的眼泪便再也控制不住。

爷爷在创作

记忆里那双有力的大手,

一笔一画在纸上书写祖国河山。

夕阳的余晖将他的毛衣染红,

像跳跃着的闪烁火苗。

永远炽热,永远朝气蓬勃。

邓　悦

铭记与遗忘

2016年2月12日，上午6：30

依照家乡的传统，大年初五的习俗是祭奠先人。父母买好纸钱、焚香，我买上两束鲜花，开车前往陵园。花圈、清扫、插香、点火，把大把的纸钱撒向火苗，火势扶摇直上，吞噬了纸钱。然后是大量的烟灰，像是有无穷能量冲向天空，一瞬间又像意念破灭了一般无力地落下。长时间盯着火苗容易有一种恍惚感，夹杂着肃穆与虔诚，火苗照亮了墓碑上姥爷的名字。

1964年11月28日，他从兰州大学植物学专业毕业，被分配到中国棉花研究所。那时中国的棉花研究事业刚刚起步，一切都是未知而艰辛的，需要从最基础的问题做起，一点一点付诸实践。小小的棉花，却关乎人民的温饱问题。在艰苦的环境中，姥爷和他的同事们亲自种棉花，密切关注棉花各个阶段的生长特性，让棉研事业一步步走向正轨。1977年，"文化大革命"的浪潮已经过去，然而在这个北方小城，迫害却远远没有结束，他被扣上"臭老九"的帽子，受尽羞辱和毒打。由于性格耿直不屈，不肯低声下气认错，他遭受了更多的批斗。然而在此期间，他没有放弃研究，在劳动结束后坚持熬夜学习、记录。1990年12月13日，这一年好像是遇到了强烈的寒潮，却异常干燥。饱受病魔折磨的他在这个冬天得到了解脱，灵魂再也没有了牵挂。

火渐渐熄灭，抹去眼角的泪珠，把鲜花斜靠在墓碑上。对于我来说，素未谋面的姥爷一生虽很平凡，但却值得被铭记。（文中记载的旧事部分出自母亲的讲述，部分出自姥爷的工作笔记、日记）

采访母亲

问：姥爷在你心中是什么样的印象？

答：从我记事起，他的身体就不好。大概在我10岁，他就开始频繁地住院，我在棉研所的小学上学，他在市里住院，你姥姥在医院里照顾他。我们的会面大多在医院里，他会讲他求学的故事给我，激励我努力学习。

问：您认为他为祖国作出了什么贡献呢？

答：他算得上中国第一代棉花研究工作者，在他们那一代人的研究下，解决了很多切实的问题，如棉花的产量、治虫问题，并且为以后的彩棉开发研究工作打下了坚实的基础。

2016年2月3日，下午4：00

我接到了奶奶退休前工作过的学校打来的一通电话，邀请奶奶参加2016年先进党员颁奖仪式。在这次颁奖活动中，奶奶是唯一获得了先进党员荣誉的退休党员。我在奶奶曾经工作的学校读高中的时候，就见证过奶奶获得优秀党员的荣誉。如今我离开高中上了大学，再次接到这样的电话也是感慨颇多，也为奶奶感到光荣。

1960年8月，由于学习优秀、积极向上，奶奶高中毕业便获得了留校做行政工作的资格，在一线从事学生管理工作。由于工作效率高，成效卓著，多次被评为先进工作者。1983年7月12日，在面对党旗庄严宣誓后，奶奶成为一名共产党员。一晃三十载，她不辱使命，平凡敬业，不负先进党员的荣誉。奶奶同时是工会领导，及时反映并解决问题，得到了大家的一致好评，被评为省女工优秀工作者。

我与奶奶进行了视频通话。在视频中，奶奶向我展示了她换了三代的党员证和获得的优秀党员证书。我看着奶奶，虽然头发花白，皱纹也深深地刻上脸庞，然而当她说着这一切的时候，仿佛重新年轻了一般神采奕奕。

采访奶奶

问:奶奶,在您小时候,印象最深的事是什么?

答:我 12 岁的时候,你大舅爷(奶奶的弟弟)9 岁,他该上小学了,家里卖了粮食让他去上学,我也想去上学啊。我就缠着你太爷爷,缠了一个暑假,他才同意让我这个女孩子去上学。

问:您认为,您与祖国是什么关系?

答:(笑)我是 1936 年出生的,是随着新中国一起长大的,看着祖国在一点一点变化。咱也做不了啥大贡献,就是把自己的工作做好,把孩子带好,这就够了。

采访父亲

问:您觉得奶奶是一个怎样的人?

答:她很有责任感,交给她的工作她一定会做好,并且她乐于助人,会把别人的事当作自己的事一样,所以她的朋友也多。

问:您认为奶奶对您的影响在哪些方面?

答:你奶奶做事很认真,是一丝不苟的,这种性格、品质直接影响了我。我在认真做一件事的时候,也不会凑合,肯定非常严谨地把它做好。

2016 年 3 月 4 日,父亲的画要在北京展览,因此我与父亲在北京碰面。父亲曾攻读苏州大学油画专业和清华美院艺术史论专业,现在是画家和教师,我与他交流了关于他创作的一些观点。

问:您最近在画什么题材的画?

答:我最近在完成"记忆安阳"系列的最后一幅作品,今年应该会在安阳展出这一系列。

问：您开始是怎么想到要画这个系列呢？

答：我从小就在安阳长大，对故乡有一种情怀。有一次我在安阳老城里闲逛，才发现儿时熟悉的街道已经被拆得不剩什么了，这是第一次萌生要把安阳的老街道、古城的风光记录下来。然后这画了也有三四年了，每个季节都画，基本上把老城寻访了一遍。

问：您认为您的创作是您对故土的爱的象征吗？

答：我想每个人或多或少对自己的故乡都是热爱的，正是对旧时生活的怀念，才促使了我的创作。当把每个人对故土的爱融合起来，就是对这个国家的爱。

与父亲的交流不禁让我想起最近阅读的2014年10月15日习近平总书记《在文艺工作座谈会上的讲话》。任何时代的创作者，都必须立身民族、不忘时代，才能创作出具有时代意义的伟大作品。

2016年3月20日，晚上9:30

历时半个月，在家人的帮助下我完成了采访，完成了"我的祖辈和我的祖国"这个课业。对于我来说，这不仅是思政课的一次作业，更是一次机会去发掘以前发生的事，无论痛苦或快乐，它们会在时间中沉淀下来。我选择用一种时间轴的叙事方式，希望这不仅仅是一次回忆，更是一次新的诉说，说出我的祖辈们的故事，在当下找寻前行的意义。

也许时间让我们遗忘了太多琐碎的细节，但是有很多事无法被时间带走。我们铭记的故事像一道亮光，在祖国生生不息的发展中，散发出独特的魅力。

路一畅

我与李女士的一次对话

李女士是一名光荣的共产党员,知识分子,三观颇正,是我们家的顶梁柱和直系领导,平时喜欢看书喜欢关心时事,还会在微信给我发心灵鸡汤。下面是我和她的对话,虽然她要求我修改一下,但是我还是选择尽量原汁原味地写下来。

问:李女士,在过去这么多年中,国家发展有哪些令您印象深刻的事情?

答:最近十几年,我印象最深刻的事情有三件:

一是从 2002 年开始中国开始逐步减免农业税,这可以说是几千年来作为一个农业大国最耀眼的改革。征收农业税在封建社会是农民最大的负担。记得我刚开始参加工作时,上半年油菜收割后,马上挨家挨户收农业税,下半年一到水稻收割了,又开始收一次。2006 年全面取消农业税,农民种粮不但不收农业税,还给予补贴,这在旧社会是不敢想象的,但我们国家终于做到了,这是经济发展的一个最直接的表现,也是国家富强的一个最重要的表现。

二是国家单位实行考试制度录用公务员和事业单位工作人员。这个制度始于改革开放,体现了我国在社会用人制度方面逐步实现公平、公开、公正和阳光操作。因为招考制度,让寒门学子可以凭着自己的勤奋和智慧进入国家单位,让"读书无用论"观点不再有市场,让终身学习的思想成为社会主流。这一点,我非常欣慰,这才是一个成熟的社会应有的良好制度。

三是 2013 年我国提出"一带一路"倡议。当今社会是一个经济发挥很大作用的社会，在某种程度上说，谁在经济方面占有优势，谁就有话语权。政治与经济是密不可分的，这个话题很大也很深，我无法说透。作为一个成年人，应该多关注政治和经济，这样可以拓宽你的知识面，开阔你的思维，同时可以打开你的心胸。一个人只有站在世界的角度去关心经济和政治，才会成为一个大气和包容的人。有位宇航员说，当你站在太空看地球时，才会体会到地球是多么渺小，才能深刻感觉所有地球人是一家人。我也常常有这种体会，我们都有一个共同的家园——地球，所以不要有战争，不要有国度和肤色的区别，地球人只有一个家园。

问：从您的角度谈谈过去和现在的变化？

答：自改革开放以来，我们国家在政治、经济、文化等方面发生了挺多变化，作为一名老百姓，从日常生活中都能深切感知这些变化。首先从政治方面来看，以前很多普通老百姓觉得政治与自己无关，而现在大家普遍关心国家大事。最重要的是，现在中国在国际上已经有很强的话语权，更多人愿意听"中国声音"。例如，在治理全球气候问题上，中国积极参与，并且在联合国大会上作出承诺，体现了一个大国的担当。经济方面，改革开放40多年了，我国发生了翻天覆地的变化，基本解决了贫困问题，正在向小康社会迈进。我国经济发展可以说是高速发展，惊动了全世界。但是在经济发展的同时，我们的环境破坏得非常严重，资源浪费也非常严重。我们小时候看见的很多飞禽走兽，现在很少见到，比如萤火虫。我记得那时，一到夏天，外面到处是一闪一闪的萤火虫，还有青蛙，现在也很少遇到"蛙声一片"的场景，还有一到傍晚到处追逐蜻蜓和蝴蝶玩耍，一到春天，房檐上就会有燕子和麻雀开始垒窝……多么向往小时候的自然环境。资源是一个国家的"定期存款"，是有限的，总有一天会枯竭。

再说说文化方面的变化吧，就更大了。互联网改变了我们所有人的生活，以前不懂的问题，到处找人问，到处翻书找答案，现在太容易了，几秒钟就能找到答案，网络无所不知。小时候为了看书，走到几公里外的县城群艺馆蹭书看，为了看一场电影，翻山越岭。互联网在提供方便快捷的阅读方式的同时，也暴露了一些文化方面的弱点：

一是现在很多的年轻人读书方式都是快餐式，很少去读经典名著，很少有人带着思考去读书。网络只能给人提供信息，而不是文学，我一直提倡和支持纸质阅读方式。只有"书香味"才能让人的心和灵魂都安静下来，让思维和阅读慢下来，才能真正汲取知识的营养，细品作者的思想和智慧。

二是网络环境鱼龙混杂，处于成长期的孩子很容易迷失。现在社会负面思想和情绪太多了，作为家长，我们不愿意让孩子上网的一个重要原因，就是觉得网络不太健康，当然这也是我们特别需要加强的地方。

三是我国在传统文化教育和宣传方面，以及人生观和世界观引导方面还有待加强。一个国家经济再强，如果没有文化作支撑，就如暴发户一样，你永远得不到别人真正的尊重，这是民族尊严的问题。

问：那您对这些变化有什么感想？

答：中国社会飞速发展，政治、经济、文化领域的深刻变化，确实令人惊叹，我无法预测10年、20年后世界将会变成什么样，因为今天的变化是以前从不敢想象的。比如10年前，我们觉得私家车离我们特别遥远，再看现在，大多数家庭有了私家车，刚上班一两年的人都有能力买一辆。23年前我刚参加工作，连买自行车的钱都攒不够。还有5年前，觉得打电话能视频太不可思议了。所以，一切变化皆有可能，只有人想不到的，没有人做不到的。人类社会发展速度不是匀速前进，而是加速度前进。作为个体的人，一定要加强学习，与时俱进。

一个国家发展、进步和富强是每个人努力的结果，国家强大了，人民才不会受到欺侮，才会过上幸福生活，有国才有家。看看现在一些正在遭受战争的国家，一批批的难民，食不果腹、衣不蔽体，过着颠沛流离的生活。再看看我们自己生活的环境，丰衣足食、平安幸福，所以我们没有理由不爱自己的国家，没有理由不为祖国的繁荣富强而努力，没有理由不拥护中国共产党。

问：那最后说一说对我们这一代的期望吧。

答：我希望你们成为有远大理想、充满阳光和正能量的一代。因为你们才是我们祖国未来的希望，正所谓：少年强则中国强。希望你们接过中国历代知识分子历史使命的接力棒：为天地立心，为生民立命，为往圣继绝学，为万世开太平。

郑杜若

第四部分
百年央美与时代家国

这一部分主要辑录的是央美百年时学生对老先生们的采访。这些老先生们爱国为民、崇德尚艺，通过回首往事这样一种方式，抚今追昔，感念感恩，对后来者给予持续的关爱鼓励。

杨筠先生采访录

问：杨先生，能给我们讲一下您的故事吗？

答：我是山东德州人，原来住在史家胡同，今年（2017）100岁了。1936年我19岁，在国立杭州艺术专科学校学习。全面抗战爆发后，我参加了八路军，在前方3年、后方3年，又在前方3年。当时我在前方工作、办学，主要是教授美术。20世纪50年代，我回到中央美术学院。我在美术系工作的时候要办班，一年办一个班。那时候办班的人很多，一个班有四五十个人，现在那些班的人有时到北京来，还会到我家来聊聊天。

那时候我们还请了苏联的老师来代班，向苏联学习。一个老师来办班一年，办完了就回去了，然后又来一个。有的老师办完了还在中国到处走一圈，我就陪他们走，以美院为终点，从南方到北方，如广州、杭州、苏州等地。我有一个六七人的小组，大家在一起，商量要到哪个地方去，去那里干什么，计划做好了就走。走一趟会有两三个月，回来做做总结，补补课。就这样，几十年糊里糊涂就过去了。在这几十年时间里，各式各样的人、各式各样的事都遇见了。同志们把意见给别人，别人也把意见给你，大家都和平解决。后来慢慢办班，先大家商量，这个班是解决什么问题，那个班是解决什么问题，因为每一组同志们要求不同，想的不同。一定要把脑子里的问题解决，解决了大家高高兴兴，没解决下个礼拜再来。我90岁以后就很难工作了，因为离开了美院。接触的面多，问题就多，现在我接触的面少，问题就少了。

问：您知道"卢沟桥事变"后国立杭州艺术专科学校的转移路线吗？

答：他们一直从杭州退到湖南去，我后来也退到武汉，然后到了延安。那时候坐火车是不要钱的。当时有领导带着我们，男同志女同志一块去。到延安之后就画画，因为那时候画画是最重要的，画的东西没有题材，但还是要画，要画这个风景、这个人，不管画什么，就是要画。

问：我们特别想听一听您与罗工柳先生的故事。

答：我和罗工柳在杭州艺专时，我比他高一班。我那时候活动很简单，就是北平的孩子到杭州去学习。全面抗战开始后，我们就到农村去，那时候和美术学院在一起。1938年，我在武汉，那时候我觉得武汉这个地方不好，就去了延安。我到了延安以后，罗工柳他们才来。革命的地方、老百姓的地方最主要的是当兵。在延安进入"鲁艺"后我们就开始一起学画画。那时候我们画画很简单，一边工作一边搞创作。我参加过延安文艺座谈会，在杨家岭我和毛主席还握过手。

问：那时候有哪些画画的经历让您印象深刻？您开始画油画是什么时候？

答：那时候没有颜色，没有画稿，都是在脑子里想，要是想得不对，就划掉重来。每个人都有一个本子，比8开纸大一点，用来画稿子，稿子好就留下来。我那时教创作，有的班五六十个学生，有的二三十人，人数不一定。比如我的第一个班，我就和罗工柳带着他们到处走，我带素描课，他带创作课，有时也有不同。我们先画素描，后来觉得油画画起来很好，就画油画了，如后来的《地道战》。

问："文化大革命"之后，罗先生就病倒了，之后还画画吗？罗先生写过书法吗？

答：他那个病很麻烦，还在海南岛待了一段时间，先是胃不好，发展到肠道不好，最后腰都直不起来，也就不怎么画画了。他生病后的画都是我们一起画的。他写书法起先是看见人家写，他就写，后来生病了，就拼命写字，在病床上都在写字。

杨筠先生与小组成员合影

采访人：廖　宇　陈菲然　陈星燕

采访时间：2017 年 5 月 21 日

戴泽先生采访录

问：戴先生，1946年徐悲鸿先生请您来北平国立艺术专科学校任教，他是以怎样的契机来找到您的呢？当时有哪些有趣的事情？

答：他找了很多老师，不光是我一个，还有比我年纪大的。徐悲鸿、傅抱石等老师，他们的风格比较固定，本来什么样就什么样。我就是帮他们放幻灯片。

问：您的孙子戴孟先生经常分享您年轻时候的画作和感想，您个人如何看待绘画和在中央美术学院做教师的经历对您的人生的影响？这些经历对您的意义是什么呢？

答：当老师教他们画画，这是很基本的。我怎么学来的，就怎么教他们。我当时教素描和基础课，刚开始是画石膏像。一般上两周，短的是一周。一周画一个石膏像。另外，我还教油画，当时也没有分工作室，有董希文、孙宗慰等老师，一个老师差不多带20个学生。

问：您那会儿带学生去过全国各地下乡写生吗？

答（戴敦平先生）：他（戴泽）年年去，尤其是1957年以后学校要求学习工农兵，所以年年都要去农村，如陕西户县、河北邢台。

问：您的哪些作品是从这些劳动中得到灵感的呢？

答（戴敦平先生）：他（戴泽）有件作品《小会计》，20世纪50年代"农业合作化"的时候，他到京郊去体验生活看到了一个景象，据此进行了创作。因为过去老农民都是自己家里种点地，二十亩地一头牛，自己够吃够喝。"农业合作化"以后是集体的经济，就要有核算记账的问题，突出这个点创作，是因为会计算是"农业合作化"后农村新兴的一个职业，是一个"抓手"。他先画了一幅速写，经过创作又画成一幅大画，1956年左右发表，印成单幅的，原作还在家里。这个经历能比较直接地反映下乡的情况。

戴泽先生与小组成员合影

问：戴先生您一直在坚持作画，您觉得是什么引领着您坚持下来的呢？

答：就是干这一行就要把它干好一点，所以就要不停地画，如果能画出几张好画，这就不错了。画画是从小就喜欢，画得好，人家都喜欢，这就挺好的。

问：从中获得成就感？

答：哎，对。

答（戴敦平先生）：为什么徐悲鸿对他那么赏识？他曾经跟我讲过，他在重庆考中央大学的时候，在班上入学考试专业算差的，等到他学了4年毕业的时候，在班上的成绩是最好的那一批。所以如果先生他自己不上心、不画画，徐先生也不会太把他当回事。后来他的同学也有好多不画画，去当青年军什么的。总之徐先生能和他走得那么近，和他自己的努力很有关系。

采访人：高家融　周奕杉　张正玉

采访时间：2017 年 5 月 10 日

杨先让先生采访录

问：杨先生您好。您能给我们讲讲您的经历吗？

答：我是学西方绘画的，后来又画了版画，版画也是西方传来的现代版画，不是中国传统的版画，所以基本上都是西方的造型。我自己其实是资本家出身，这个环境跟"民间"搭不上边。

就我个人而言，我原本没有喜欢过民间美术，就算喜欢也是猎奇，因为我自己是学西画的。可是为什么我后来那么执着于民间美术，在学校办了民间美术系，有一个原因是民间对我来说是遥远的、生疏的，但我也觉得这是有意思的。我的第二张、第三张版画，也是想吸收民间美术的东西，但这是很表面的，没有真正考虑过民间美术哪里重要。后来在中央美术学院，我在版画系教书的时候，很卖力气。在人民美术出版社工作6年，我也很卖力气。为什么呢，那时是把美院最好的学生分配到人民美术出版社去，叫作"新生力量"，我又是共产党员，就更要起模范作用。

1953年，我太太毕业，她和靳尚谊一班，也被分配到人民美术出版社来。除了当编辑以外，我的业余创作也很多！我的宣传画，有10张左右，年画有两三张，这在当时都很难的。我的版画后来作为独幅画出版，这也很难的。这些出版了的作品，是不是有人觉得是因为"近水楼台"呢？那也不一定。没有能力、没有资格、不到水平，人家不会给你出版。但出版了，我也不觉得有多么光荣，而是很本分、很自然。可能和我的性格有关。

后来在中央美术学院教版画，我也是老老实实地教。当时系主任是我的老师李桦。我太了解他了，他这个人很少有表情，很冷静，很理智，他的画也跟他的人一样。他对我很好,我走的时候,我知道他舍不得我,以至于后来有事情要麻烦他,我都不用说就知道他一定答应。我要出一本版画集,找他写一个前言,他二话不说,第三天就给我寄来稿子了。我说你不看看我的版画吗?他说:"我不用看!"我在版画系一直工作到20世纪80年代,才转到年画连环画系。80年代正是改革开放的好日子,人们都开始画画了,画也开始值钱了。我的画也挺好的,别人都对我感到可惜,觉得我干的都是别的事,自家的地都荒了。但我已经来了年画连环画系,就无所谓了。当时的规矩是一个新成立的系,没有一来就招研究生的。可是我不,我就得本科生研究生同时招。我跑到文化部、高教部去说,我在培养自己的教员呐!领导们就都同意了。

我去美国考察后,发现西方对民间美术很重视,毕加索、马蒂斯等很多著名艺术家都在吸收民间的东西,如玛雅文化、印第安文化。中国以小农经济为根本的民间文化可了不得,我从这时感到一定要办民间美术系。中国的民间艺术太厉害了,但社会马上转型,民俗改了,民间艺术就要消失。这就迫使我要尽快建立民间美术系,加快去民间考察的步伐。黄永玉对传统的东西很重视,知道我画得好,用我的画教女儿,但我不着急,我没有当大画家的思想。当时我一心要把这个系办起来,一开始只有侯一民、靳尚谊支持我。我在讨论会上说得慷慨激昂,舌战群儒。我认为中国的美术学院最好,有西洋的绘画,也有传统的绘画,还有民间。历史上不重视民间,是因为中国太丰富了,古人来不及重视,可是现在马上就要转型了,我们需要赶快保护民间美术,民间艺人就是我们的老师,这样中央美术学院就能超过世界上任何一个国家的美术学院。古元第一个说同意,我们会画油画、国画,但我们还有民间美术,你会吗,将来中国人得奖,恐怕主要依靠民间文化,这样大家都没话说了。1987年,民间美术系正式成立,我妹妹帮我写民间美术的概论,我们去"走黄河"。走了4年,因为黄河流域经历14个朝代,有很集中的中原文化。我最后拍了一个纪录片,叫《大河行》,我一直在走,其他人轮流着走。中国民间艺术是一代一代传下来的，变化较少，稳定了几千年。我一回到家，台湾地区的汉声出版社来我家里，请我写一下黄河民间文化。女儿、儿子都帮我，写成了《黄河十四走》，用了3年时间编好。民间美术和我是偶遇，我们考察时，经常有"人死艺亡"的事发生，人去世了艺术也就没了。我们的工作就是抢救，有种使命感和责任感。当时在美院建这个民间美术系，对全国搞民间艺术的人来说是一种振奋。

问：您组织出版的《民间美术概论》已经为我们的民间美术研究起到很大帮助了。

答：这也很难说，《民间美术概论》并不全面，只能说起了个好作用。我用了3年考察库淑兰，有出版社的编辑当时到我家里来问我她到底怎么样，我说库淑兰是我考察中第一号种子，太精彩了，如果说马蒂斯是真正的艺术家的话，他后来也剪纸、搞壁画……可他见了库淑兰也会佩服得五体投地。我说库淑兰绝对是很厉害的，如果你们要出画册的话，给毕加索出什么规格的画册，你们就给库淑兰出什么样规格的画册。

杨先让先生与小组成员合影

问：那您觉得美国观众对这种东方符号的理解与接受怎么样？

答：我的版画后来在圣地亚哥人类学博物馆展出。当时他们博物馆的馆长从那么远坐飞机来我家找我，为什么呢？他看了我的《黄河十四走》，要给我做巡回展。但后来因为经济问题没有实现，他退休了，我也回国了。一场展览要两年筹备，再加上理论出版，时间更久了。他说在搞这之前一定先展览你的版画，我说这没必要，他坚持一定要，说因为你的版画反映了一个时代，应该让美国人了解你的现在和你的祖先。他说得很好，所以我在他那里展过一次版画作品。他们宣传得很厉害，NBC（美国全国广播公司）采访我，回休斯顿时我说这次NBC的采访太短了，才五六分钟，儿媳说："爸爸，你知道1分钟要花多少钱呀？5分钟你还不高兴！5分钟的采访，说明他们重视你的版画。"

我在中央美术学院读了书，出去干活，再回来，整个经历很让我受益。今后的美院我不知道会怎么样，我很少去，恐怕去了也没人认识我了，但是我总觉得我们那个时候是一个黄金时代，真的感觉很幸福。

采访人：王伏羲　梁又双　罗文杰

采访时间：2017年5月24日

李化吉先生采访录

问：您已经 86 岁高龄了，但身体依然硬朗。您认为是艺术创作让您保持了年轻的精神状态吗？选择这样一份与美息息相关的职业，对您的一生有哪些影响？

答：谢谢。我性格比较沉稳，无论从事什么工作心态都挺好。我平时也没有什么特殊的生活习惯，不抽烟也不喝酒。

问：您的人生路线大概是：华北大学念了半年，去西安画漫画，来中央美术学院进修并且留在这里。虽然不是您个人的选择，是时代的选择，但是感觉结局还是挺好的？

答：我们这代人随着潮流就这么过来了，就像跟着水流流动，但是比较幸运的是我一直还比较顺利。很多事情不是自己能掌握的，可能很多人有目标一定要去完成，但我们这一代，或者是我这一个类型的人没有这样的条件，可能和自己的出身也有关，家庭比较没落。辛亥革命之后满族社会地位较低，小时候家里人不能公开说自己是旗人，新中国成立以后大家才说自己是满族。我就这样过来了，没有什么我想怎么就怎么样。

问：江丰老师在受批判的情况下还坚持自己的观念，这在当时是很勇敢的举动，是不是老师的勇敢和坚持影响了您和闻立鹏、王式廓等先生，鼓舞了你们在 1965 年写信给毛主席，建议反对废除人体模特儿写生呢？

答：关于模特儿的问题有一个过程，当时大多搞艺术的人都有和我们一致的想法，但康生特别反对使用模特儿，觉得是道德败坏、有伤风化的举动，是资产阶级的、腐朽的。由于他在美院影响很大，美院就激烈地批判职业模特儿。但是大家心里都明白，学油画、学写实主义必须走这条路，艾中信先生在他的回忆录中也提到这一段事情。

我研究生毕业就跟着罗工柳先生加入工作室，打算自己写信给毛主席。我们写信时也很紧张，因为不知道到底该怎么写，从写生的角度来讲是应该画，但是到底如何恰当地处理这个问题大家不知道，我和其他两人商量了很久。没想到写了之后毛主席很支持，觉得应该这样。

问：感觉您就是心态特别好。

答：对，我倒觉得没什么不得了的，这样的看法就这样谈。所以那个时候我有两个问题，一个是形式主义，在艺术风格上不对，没有跟随大流；还有一个就是随性，爱说什么说什么。不过这样的人不多，这样把自己的主张公开说出来的不多。

问：您对于民族元素、装饰性风格的偏好是因为什么呢？

答：可能是自己的经历。如果我小时候就开始画模特儿，我后来不会这样。因为小时候接触传统的东西很多，喜欢的一些东西就对自己影响很深。装饰性的壁画在20世纪80年代左右才被承认，之前一直被认为是形式主义。所以我心态比较好，我愿意做的事情我就会去做。

问：您对学生的期许是什么呢？最想说的是什么？央美即将迎来自己的百岁生日，您对于美院未来有一些什么期许吗？

答：一个艺术家到底要怎么样，很难说。社会中凡事都有条件性，知名的艺术家，比如高更，也过得很艰苦，刚画出与众不同的画作时也会被人批评。很多画家都是生前不被承认，死之后才被重新记起。我认为画家还是得画自己的东西，虽然可能有生活、生存问题，但也不一定要改变自己。画作还是得表现自己的内心，表现自己的理想和追求。我觉得美院啊，应该百花齐放，不能说走哪条路一定就是正确的。每种绘画门类都有自己的很多风格，没必要确定固定的道路，现在美院的形式就挺好的，就应当如此。

李化吉先生与小组成员合影

采访人：赵安然　魏心怡　李昭莹

采访时间：2017 年 5 月 13 日

盛扬先生采访录

问：盛先生，您毕业以后就在雕塑系任教，听说当时老师和学生基本是一比一的比例。当时与您一起参与教学活动的同事都有哪些啊？

答：我和一般的毕业生情况有些不太一样，我是"九一八事变"那一年出生的，我的老家是南京。就在南京大屠杀的前夜，我和我的父母逃出来了，那时我还很小。之后在陶行知的育才学校里学习。抗日战争的时候我是儿童，很多直接的战场没有看着，但轰炸使人流离失所。救助伤员、抗日动员会、去医院慰问伤员这些活动都是参加过的。解放战争时期我们去参加学生运动，我当时已经接受了进步的思想，就穿过国民党的封锁线，到解放区去了。我在解放区工作了几年，一直到抗美援朝、和平时期。后来我又重返了学校，开始学习，所以我入学的年龄，比一般中学生都要大，25岁才上大学。

雕塑系的结构，其实也很好。我们有4个老教授都是从法国留学回来的；有两个是这一批老教授从国外回来后最初培养的一批雕塑家，我们称他们为中年教授；我们是中华人民共和国成立以后他们培养出来的。所以基本就是三代人，第一批从国外回来的我们称他们为中国现代雕塑的开拓者。在他们之前，中国雕塑有几千年的伟大历史，但是只有朝代的变化、风格的变化，没有实质用途的变化，都是用来做民间的祭祀、墓葬、宗教。一些直接反映现实题材的很少，而且整个教学过程基本都是师父带徒弟的方式，这些人都是工匠，所以教学过程都是口传心授，流传下来的只有口诀。在五四运动前后，随着民主革命的兴起，这第一批人从国外回来以后，将西方艺术理论带回来，开辟了做现实主义作品的道路，这个影响非常重要。他们立志于将东西方的雕塑艺术融合，而且各有各的成就。我们有这样一批老师，很幸运。中年的一批，是受第一批老先生培养的，在中国他们的本土文化特点更多一点。还有从解放区鲁迅艺术学院过来的老师，他们面向群众，深入生活，把创作看作学习的重点，总的趋势是艺术要为人民服务，要反映生活现实。在这样的背景下，形成了中央美术学院雕塑系教学的一个高峰时期。

我认为，20世纪五六十年代，是中国现代艺术教育走向成熟的时期。但因为历史的原因，现在这一代央美人都还较为缺乏那种真正的传统认知。你的思想、你的艺术到底是在社会上想产生什么样的作用——我的画，不是只给艺术界看，不是只给兴趣相投的看，也要给更广大的群体看，作品才会产生作用。这才是艺术的追求，艺术正确方向的追求——你的艺术品要在社会中产生一种精神价值。我们不反对艺术必须要有个性，要有强的主观表现，但是你的主观表现，最终是要取得时代的呼应和认可。在某种层次来讲，我们也本着这种教学的理想，雕塑作为一种总体艺术，它给人的精神上正能量的东西还是很重要的。这个既有很欣慰的地方，也有需要注意的方面。

问：不过美院还是一直在进步。

答：那当然是了。像人文学院、艺术管理学院，这些都是发展出的新兴学院。现在很多年轻人都喜欢这样说，这是我的追求，我的尝试。那么你的目的到底是为何。我觉得，如果把眼睛闭着，完全凭触觉来做雕塑，那是你自己的心理活动。你自己做的过程中享受了一种触觉上的刺激产生的心理活动，但是你给别人看，又是另一回事。造型艺术，最根本的是视觉。我们现在扩展了，造型艺术不仅要有视觉，而且还要有触觉，将来说不定还会有嗅觉。但是别人不一定有和你一样的心理活动。雕塑优于绘画的就是，它有可以触摸的起伏，有一种美感的享受。但是艺术总要有它的内涵，政治的、思想的、情感的内涵都要有。宇宙是无限丰富的，人类世界是无限丰富的，人的欣赏需要也是无限丰富的,所以我们主张百花齐放,艺术要多种多样。我觉得也没有哪一种是最好的,但是它们有一个共同的规律,就是要给人类一种精神的升华。不管你是山水花鸟,抽象具象,总是要给人一种精神力量、精神安慰。

我后来也讲,应该给学生两个任务,一方面是我教你的作为一个艺术家必备的一些东西。必须要把中国美术史学通,你才能从历史上找到我们人类进步的一些东西。那么,在学校里的四五年,它是艺术家的摇篮,不是考进来就成为艺术家了,这是一条很长的路,得自己走。所以我一定要教你一些必备的东西,然后我也要保护你的个性。另一方面是在这个基础上你可以任意地去追求你想要表现的东西,可能成功也可能失败。而我们教师的任务,也只能辅导和帮助你们去走自己的路。

问:最后,能不能请先生对这一届美院的新学子们说几句寄语和期望呢?

盛扬先生与小组成员合影

答：我的期望，说得朴素一点就是希望中央美术学院的学生，能够继承中央美术学院的优秀传统，随着时代的进步，创造一个真正能够代表我们中国，而且在世界上有领先地位的艺术院校。这里面就必须要有高尚的理想，要有献身于追求理想、实现理想的勇气。

采访人：李钰颖　许　格　田钊菡

采访时间：2017 年 5 月 24 日

闻立鹏先生采访录

问：我们第一次了解闻一多先生，还是通过初中的课文——臧克家先生写的《闻一多先生的说和做》，从我们的角度来看，他是一位诗人，一位民族的斗士。但是对于您而言，他首先是一位父亲。希望您可以谈一谈，闻一多先生作为父亲在您心目中是什么样子。

答：大家一般的印象，他好像是很严肃的样子，好像是个老学究，其实不是这样的。在我的眼中，他不是大家印象中那么的古板，他的思想其实很现代化，对我来说他是很慈爱的一个人。

问：您以前在很多作品中提到过，他会写诗、书法和篆刻，这些在您幼年的时候都给您以艺术上的启蒙，可以这么讲吧？

答：有一些影响，他跟咱们是同行。他是最早的国立北平艺术专科学校的教务长，所以说是咱们学校的老领导。他不但是我的父亲，而且是我本人非常崇敬的人。他的作品，他的诗歌，包括他的艺术作品，的确对我的人生影响很大。我一直在心里把他当成楷模。

问：在您任教期间，是不是也是这样引导学生的？

答：我觉得，一个艺术家最本质的素质，就是他的艺术是从心里长出来的。我从心里热爱我的父亲，那么这个感情就在画中表现出来。要从心里对咱们这个社会有真的感触，对自己的父母、亲人有真的感触，就会想画。这个东西是艺术的基础、本质，从艺术作品中表达出来。

问：您的学生们应该不是所有人都跟您抱有一样的想法吧？

答：学生当然各式各样的了，特别是现在的学生。我感觉他是正确的话，就支持他；如果与我的想法不一致，我尽量把我的观点告诉他，跟他商量，这个画怎么看，应该怎么表现。

问：改革开放后，美术界出现过"八五新潮"，大家也开始接纳西方的艺术流派和艺术思想。您和同辈艺术家们在接受的同时，还要去融合、创新，会不会一时间感觉太庞杂了？

答：1985年前后整个社会特别活跃，跟咱们中国改革开放有关系，经济上开放，政治上和思想上也必然开放。年轻人首先接触到外国的东西，包括陆续开始出国。外面信息比较多，年轻人最敏感，他们确实做得比我们老一代更有潜能、更明确、更尖锐。

问：面对当时的社会环境，能接收到的知识、信息越来越多。在这过程当中，艺术家们可能也会彷徨。在如此庞杂的信息当中，到底应该怎么去选择，怎么去发展？当学生遇到这种问题了怎么办？

答：当时油画系办了第四画室，第四画室的特点就是咱们一块儿想、一块儿干。因为第四画室的老师原来并不是搞现代艺术的，只不过他们比较关注这个东西，观念上认同，所以才组成一个新的画室，在全国也是第一个。改革开放这一时期的艺术教育其实很有研究价值。

问：西方产生浪漫主义思潮的时候，属于为艺术而艺术的思想，但是到了后现代主义的时候，反而提倡让艺术去影响生活。我觉得这一点在中国的艺术里一直都有。

答：这个很对。其实你看真正近现代的一些艺术家的观点，像博伊斯，其实跟社会主义是有相似点的——艺术要为社会服务。但当时虽然说为社会服务这个观念咱们认同，但是做法就看不惯了，经过咱们中国自己的开放之后，才体会到这些东西，思想也就开放了。

闻立鹏先生与小组成员合影

问：经历这么多，已经到建校100周年了，您有没有什么感慨啊？

答：这100年我觉得真是挺不错的，发展够快的。中国社会也好，美术学院的现状也好，它的思想境界，它的开放程度，我现在是满意的。

采访人：马雨杉　韩　笑　马雪萍

采访时间：2017年5月17日

薄松年先生采访录

问：先生您是什么时候来到中央美术学院的？

答：我是 1952 年到中央美术学院的，原来在农村里做教学和文化工作，做了两年，那两年我的收获挺大的。我工作的地方名字叫雄县，也就是现在的雄安新区。那地方穷到什么地步呢，全县就一个商店里可以买到酱油，其他东西只能靠集市来解决。当时我在那里做文化工作，可以说是苦干了两年，但我感到很愉快。后来中央要选拔一批优秀基层干部到高等学校学习，我经过几次审批，被批准到中央美术学院。到中央美术学院以后，虽然我也会画一些画，但是距离我们这个学院派的水平还是有一定距离的，在班里恐怕是中下。

那时候，美术学院只有三个系，绘画系、雕塑系和工艺美术系。1952 年我们这一期，本应该是 5 年制，但是基层用人非常迫切，临时就把它改成 3 年制了。

问：在实际的教学工作中，您有哪些体会和收获？

答：共通课是美术史教学很重要的一个任务，美院培养的学生对中华民族遗产有正确的认识、深厚的感情、比较丰富的知识，因此，这个课非常重要。但要上好这个课不容易，要真正讲得非常生动、深入浅出必须要建立在科学性的基础上。整个课堂学生学得怎么样，教师要占 70% 的责任。你不能说学生不爱学，基本上大多数同学都是爱学的。所以我就是带着"不上则已，上就要把它上好"的观念，让学生有一个正确的学习态度。

前几次课一定要讲好，特别是前几节课涉及考古学的问题，你把人家讲得要睡着了，一听讲美术史就跟吃苦饭一样，这课你怎么上？所以上课一定要对学生负责任。我就抱着这样的信心——这个课绝不是可有可无的，绝不能把它当成困难，相反一定要把它教好！实际上你教好是可能的，而且我还有严格的要求——上课必须记笔记。为什么要记笔记？因为通过手记以后，脑子里才会产生一个印象，记得好坏不管，但必须要记笔记，而且我还要检查笔记。有些人说你这是中学生的办法，我说不对，你看鲁迅先生在日本学习的时候，他的老师也检查他的笔记。什么叫大学生？大学生不是大大咧咧的学生，是博大精深的学生。

教学和研究是统一的，但是首先要教好学生，评定职称首先要看他教得怎么样，而不是仅仅看他研究成果的多少。

问：在您的教学生涯里，还发生了哪些有趣的事情？

答：我给学校提了一个意见——留学生的教学，学校要加以重视。如果一个外国学生到中国来留学，到美术学院来留学，毕业以后对中国的美术毫不了解，这是我们的失败。我这意见提得比较尖锐，希望学校能够重视。后来，当时的负责人专程到我家来找我说："薄老师，您的意见转到我们这儿来了。"他说："这是一个问题，您提出来了，您就给我们帮帮忙。"我说："好吧！我教。"特别是当时这批留学生，很多人对中国历史社会的认识等于零，唐宋元明清这些概念脑子里边全都没有。怎么把"幼儿园"的学生教出来也是门学问，包括用的语言不能很复杂，都得要仔细考虑，怎么样才能讲懂。那些年教过的有些留学生，毕业以后还和我联系。

问：在央美百年诞辰之际，您对青年学子有哪些建议和希望？

答：我一直的建议就是要重视基础课教育，有很多同学观念很新，脑子也很活，但是我偶尔看见一些论文还是在基础知识上有破绽。中国美术史有很多固定的内容要学、要背，有的同学对此很反感，说那些东西书上都有，我说难道你出门后边都得有人给你拉一车书啊。即使现在有电脑你可以一查就有了，那也不成，这些东西你真正在脑子里过一遍才会融会贯通，这是一个逐渐深入的过程。

我出的书《中国绘画史》《中国美术史教程》全是教学的、实用的东西，和一般人突击写出来的不一样，我是一点一点写出来的，虽然这些东西没有现在有些学者所谓的"学术价值"，但在美术史教学方面是值得认真学习的。我教过很多课，但最多的教学内容其实是"百三千"，就像以前小孩儿刚上学念三本书——《百家姓》《三字经》《千字文》，是启蒙的、基础的东西。所以我的身份是什么，我的身份就是教书匠！人家有成就的是艺术教育专家，我没成就，我是教书匠。

薄松年先生与小组成员合影

采访人：唐晓蓓　王熳路　刘庆欣

采访时间：2017年5月24日

宋源文先生采访录

问：宋先生您好。您跟版画系有着什么样的渊源，能跟我们讲讲吗？

答：我是1956年考的中央美术学院版画系。之所以选择版画系，一方面是因为我在之前做过文工团里的舞台美术，后来又在两个出版社画过很多年的插图。当时的版画和现在的插图比较接近，油画或国画做插图没有版画适合。因为大多版画，特别是木刻，刻出来的画面不是黑底就是白底，跟书里铅字的黑白非常协调，别的那些画种、工具做出来的都不如木刻好。另一方面是因为我最早接触的画就是木刻。

版画系当年教师的组成结构，我感觉很有意思。比如说，李桦先生是第一任版画系主任，他当年是国统区搞版画的人中最具代表性的、泰斗级别的人物。王琦、黄永玉也是从国统区那边来的，不过他们有自己的成就，这是一部分。另一部分是解放区的古元、彦涵，这两位是解放区最有代表性的两个版画家。除此之外，还有一些别的老师，当时有一个老师叫陈晓南，1946年徐悲鸿先生派他到英国去学铜版画，跟随英国当时很有名的铜版画家勃朗琼学习。他后来铜版画做的干刻，画了很多炼钢工人，也很有影响力。由此可见，徐悲鸿先生很有远见。

古元先生有一个很重要的观点，在我们上学的时候就讲，后来他写文章的时候也这么写。他认为，艺术要从很平凡的生活里去发现美，发现有意义的事情。他说这个事情可能人人都见过，可是别人不一定能发现，你发现它了，用你的语言把它表达出来就可以了。由此我想到很重要的一个东西——发现。我认为艺术创作首先得要有发现，没有发现就没有表现，表现在后，发现在前。有一句话叫："巧妇难为无米之炊。"你再有本事，没有米你怎么做饭。

问：在实际的教学生涯中，您有哪些经验和体会？

答：我是从1984年开始任教的。因为"文化大革命"，当时整个学院的教学都被影响了。所以，一方面是面临恢复正常的教学体系的问题和任务，哪些部分是不必要的？哪些是必须要保留的？另一方面是每一个年级的侧重是什么？拿素描来说，一至三年级怎么教？一年级是最基础的，二年级可能是深入一点，三年级可能画人体，四年级则自由点，比较稳定一点。

我上学的时候，版画系的课主要是油画系老师教，一年级是韦启美老先生教。我对韦启美先生的印象特别深，他是一个非常好的老师，是一位修养非常好的杂家。他当时画很多漫画，每天来学校图书馆阅览室都能看到他，只要不上课他都在那里。他不给你讲太具体，而是老给你讲"意味"，"这个意味不对"。过了好久我才明白，他的"意味"包括你这个结构、互相的关系、明暗、最后的处理等。另外，我觉得他要把学生从学校外面带来的很多不好的习惯、对素描不正确的理解给纠正过来，把学生领到正规的、正常的学习轨道上去，对素描有一个正确的理解，这是一年级学习素描非常重要的一点。老先生退休以后，就让徐冰教一年级，徐冰走了以后，就让王华祥教一年级。二年级比较深入，到三年级教人体的时候是吴长江老师来教，因为他喜欢画人体。

在稳定恢复教学制度的时期，要增加一些新的课，如增加丝网版画是李桦先生当年从英国回来的时候提出来的。再如建立摄影专业，请翁乃强调回美院。另外增加黑白画，是关于设计方面的专业。那个时候我就感觉，特别是版画，设计意识特别强，跟别的画不太一样。比如油画，天空的色调画得很有情感、很有情调。版画你不能上面是个白的天空，你说怎么办？版画的构图，特别是木版画，它得画满，这个就不简单了，它本身就是一种组织布局的设计。最后版画的效果是设计出来的，不是说偶然或是随便出来的。构思、构图、意境，都得总体来考虑，就像你是一个总设计师一样。我认为那一段时期的教学，在李桦先生当系主任的时候，最大的愿望就是要建立中国版画教学体系，这是他的理想。所以当时版画系就要编讲义和教学大纲，以及各门课程的教材和教学计划，各门课程评分的标准也都非常规范化。所以我做系主任的时候也是这样，各门课程都要重新修订讲义、教学大纲。因为我想一定要找到艺术教育的规律性，随着时代的发展，能够增加哪里就增加哪里，但不能很轻易地决定哪个或者肯定哪个。

问：您对青年学子的创作，有哪些建议和寄语？

答：艺术本来就是国际语言，不需要文字，也不需要语言就能让人读懂的。所以这里可能就有一个问题——只有你自己喜欢你搞的东西，或者自己想象，那是个人的事；你要是给别人看的话，至少要有美感和有精神在里面，这个精神一定得是人和人的心灵上的沟通和共鸣，没有这个不行。

自然规律有很多神奇的东西，比如说，我们看的那个河流，你看内蒙古草原上的河九曲十八弯的，黄河、长江都是这样。水当初流的时候，都是走直线的，它选择往低的地方走，不是说它要弯弯曲曲。它走直线，冲着冲着，冲到前面就冲不动了，水越冲越深，到了前面就等于有一个坎了。你看一拐弯的时候，拐弯处水就深，拐弯后水就浅，这么拐过来，冲出这边又往那边拐了，它本来是要走直路，实际上走完就是一个弯曲的路。社会不是这样吗？你走完这一步了，又出现另一个问题，这个问题要解决才行，不管花多长时间来解决。我就想，人只有在认识到自然的这种规律，你在这个非常有限的生命里，这个空间里头，做一点非常有限的事情，就不简单了。如果这一点还看不清楚，在社会上弄得稀里糊涂，那最后你可能一事无成，你做的这些东西最后大家都不值得一提。所以我想，每一个年龄段，甚至是每一年，最好有自己对人生的一种理解，对社会时代的一种理解，一种新的东西，然后再想一件能够在艺术上能做一点什么事，不是一个简单的技术性问题。

宋源文先生与小组成员合影

采访人：程世举　马　莉　史雯靖

采访时间：2017 年 4 月 20 日

杜键先生采访录

问：您在中央美术学院执教和担任院领导时，中国正处于改革开放初期，正是国门大开、思潮涌动的时期，您参与了美院一系列重大的决策，其中给您印象最深刻的是什么？

答：我那个时候在美院做党委副书记，后来做副院长。中央美术学院现在建院99年，明年就是百年校庆，其实在这100年里，我只占很小的一部分。美院这100年和中国社会的变革，包括在政治上和文化教育上的变革，完全是一块儿走过来的。从最早我们学校的方老师（和李大钊一起就义），到抗战胜利以后徐悲鸿老师，在这里头很多人都参加了社会变革。像我的老师，里面就有很多像王式廓一样的老革命。那时候参军报名的学生不少于80%，我们毕业填写分配志愿的时候，第一条就是服从组织分配，几乎是百分之百的人都这样写了。

到改革开放的时候，政治上、思想上、文化上都有很大的变化，怎么继承和创新、怎么融合东西方、传统和现代怎么结合，都是很纠结的问题。那时候有些学校马上就跟进"八五新潮"，我认为，美院在当时情况下处理得很好，没有盲目跟风，而是接受了以前的教训，比较慎重地通过学术研究，稳稳当当地摸索尝试实践，再接受新的东西。

问：大概是什么方面呢？

答：主要就是基础和创作的关系，不要弄丢了基础。比如说对待现实主义的态度，这个其实很不好把握，那个时候革命现实主义和浪漫主义相结合啊，坚持现实主义啊，各种各样的思潮，对此我们应该保持一种什么样的态度，我们在教学上遇到的问题，应该按照什么原则处理？包括传统和现代的关系、继承和创造、中国和西方等问题。那个时候美院不仅要保持强势学科，如何建立新的学科也是个问题。设计系、建筑系出现了，学校把张宝玮老师从西班牙请回来办建筑系。当时争议很大，因为清华的建筑系和同济的建筑系是建立在工科学校历史积淀上面的，而美院没有理科的支撑，我们有什么优势？我们行不行？张宝玮老师是位很不错的老师，他也去国外考察了很多，他认为我们可以办，而且还可以更有特色，西方的建筑系也和艺术院校结合，而至于我们缺少的理工科知识，可以聘请北京建筑设计院的老师来讲。后来证明他的理论是非常正确的。因为美术学院早期有设计类型的专业，如图案专业，但是后来因为预算不够，被分到中央工艺美术学院去了。在社会的转型当中，美术学院必须适应社会，这也是美院好的传统，因为艺术文化是社会思想的风向标，是人文精神的旗帜，和国家命运紧密联系在一起，到今天也仍然是这样。

问：1976年党中央粉碎"四人帮"，中国历史开始进入新旧交替的过渡期，这一时期，您与高亚光、苏高礼先生开始酝酿创作《伟人归来》这幅作品，这幅作品也因为诞生在一个特殊的时期而极具历史价值。请您谈谈当时创作这幅作品的背景和契机。

答：我其实觉得这幅画是一张比较不具有深度的画，为什么这么说呢？这幅画其实是表达了我们对当时三位领袖的一种怀念。那一年三个人都去世了，他们那一代人、那一时代过去了。我们当时的心情是这样的，具体画的过程是这么出来的：周总理1976年去世的时候天安门前很多人去悼念，带着白色的花圈，大家都在花圈上面写诗，怀念总理、反对"四人帮"。我、高亚光和苏高礼，我们三个老师当时也去看了这个场面，我们很激动，觉得人民的这种很自然、很自发地对周总理的怀念非常伟大。后来朱总司令、毛主席相继逝世，我们三个人就说，怎样表达怀念呢。要不拿一幅画，画毛主席、周总理和朱总司令回到人民中间去，与人民站在一起。这幅画其实就很简单地表示了我们的一种怀念之情,缺乏深度。但是我们对这种感情的表达是很真实的,这个可能也是很多人有共鸣的地方,所以这幅画也被很多人肯定。

问:今年艺术管理与教育学院正式成立,您对于艺术教育方面有什么看法愿意与我们分享吗?有什么建议给艺术管理与教育专业的学生吗?

答:艺术教育是一个很大的命题。这个学科是很重要的。艺术教育在我们国家过去研究中基础是很不够的,原来只在师范类院校里有。我希望你们能把这个专业弄好,我们国家过去在这个专业方面的底子不是很深厚,还有待提高。

问:请您谈谈在中国现在开放的环境下,当代青年艺术学子应该为国家、民族的发展,为时代做些什么?

答:美术学院的传统需要传承,把整个学术活动和国家、民族的变革紧密结合在一起。希望你们能继续这样,关心国家民族的大事,这对你们的专业来说是绝对有利的。想要学术做得好,就得准备吃苦、准备付出,要勤奋。

杜键先生与小组成员合影

采访人:潘怡菲　齐顺顺　范一凡

采访时间:2017 年 5 月 18 日

庞涛先生采访录

问：您是哪一年进入的中央美术学院？

答：上海刚刚解放的时候，中央美术学院到上海招生，我就考上了。我小时候最喜欢的是数学，觉得画画特别没有意思，画家有什么用？爱迪生才是有用的人，什么跳舞、演戏、画画都是没有用的，当时我就是这样想的。

问：您在第一次考上了中央美术学院以后，没去就读吗？

答：是的。后来又考上了中央美术学院，来了以后觉得这儿挺有意思。我来的时候，全校都去搞任务了，学校里没几个学生。我去食堂的时候，只有3个男生，有一个空位置，我就过去了。一个男生问，你叫什么名字？我说我叫庞涛。他说："你就是庞涛？我还以为是个男的。"我说："你凭什么以为我是个男的，你又不认识我。"他说："我看到过这个名字。"我问："你怎么能看到我的名字？"他说："当时你没来就读，我是递补你的名额上来的。"我问他叫什么名字，他说："我叫猪八戒"。我当时想这个同学真逗，我问另一个男生叫什么名字，他说："我叫好膨胀"，我想这太可笑了。后来问了其他同学他们的名字，原来一个叫郝红章，另一个叫周光戒（音）。

问：您在教学上有哪些体会？

答：要想发明独创的东西，如果是一个根本不会独立思考的人，我相信他绝对想不出来，必须是个独立思考的人才能发明东西。如果没有独立思考，这偷一点技术，那偷一点技术，最后弄个大杂烩，质量也不会好。所以对美院的学生而言，就要一个一个地去教，你看他是什么素质，他喜欢什么,你就往他喜欢的地方去引导他。有的同学恰恰相反,他喜欢另外一套,你就得拿另外一套引导他。教师应该有这个能力——通过这个老师的教学,学生成绩明显提上来了。如果去年学生这个水平,今年还是这个水平,这个老师就可以不用聘了。这样的话,学校才有生命力,学生才有积极性。学生都特别兴奋,这样才能把学校搞得生龙活虎。

问:您认为,现在高等美术教育除了独立思考之外,还应该有什么样的方向?什么才算是好的高等美术教育?

答:20世纪前半段,那些年战争没有断,西南联大出那么多人才,我们的教育差吗?我们的教育也是世界上最好的。哪一个国家打了十七八年的仗还能培养出这么多人才?拿出来比一比,我们也是好样的。艺术领域上有三个系——戏剧、音乐、美术,分别建立了中央戏剧学院、中央音乐学院、中央美术学院和中央工艺美术学院,变了以后是好还是不好?我认为是好的。

庞涛先生与小组成员合影

采访人:吴梦竹　张云帆　张懿丹

采访时间:2017年5月25日

靳尚谊先生采访录

问：您在新中国成立之初考进中央美术学院绘画系，是什么样的契机让您选择美院？

答：我刚开始对美术并不感兴趣。那是1949年，我报考国立北平艺术专科学校，它是五年制的大专性质。为什么要考这里？因为当时家里经济情况不好，继续升大学有困难，负担不起学费，可艺专是公费，而且可以申请助学金。那时流行一句话，叫"男学工，女学医，花花公子学文艺，调皮捣蛋学体育"。我小学的时候临摹很多小人书，父亲的一位朋友跟我说："你还有点绘画的天赋，而且这所学校也不收学费，你去考吧。"我从来也没想到要学艺术，考之前对素描、油画之类的什么也不知道，在假期时我找一个艺专的学生画过一张素描。我用木炭当作画笔，馒头蘸水打湿当作橡皮，就开始练习，一考便考上了，当时我是甲等第20名，便成为艺专学生。

问：您在刚刚进入美院的时候，是在版画系任教，后来又到了油画系，这其中的原因是什么呢？

答：当时有三个画室，艾中信是系主任，吴作人是院长，他到东欧考察之后发现画室制度很不错，就搬回了国内，1985年到1989年，中央美术学院成立了三个画室。当时第一画室是吴作人画室，还有艾中信；第二画室是罗工柳画室，是"苏派"的；第三画室是董希文画室。那时候选画室很自由，学校不干涉你的选择。一开始三个画室的学生还比较平均，第一画室的吴作人是留学比利时的，艾中信又是系主任，所以选的人很多；第二画室是苏派，选的人也很多；第三画室的董希文画过《开国大典》，影响很大，选的人也很多。

我从"马训班"（马克西莫夫油画训练班）毕业后就分到了版画系，那时候有三个人，我、詹建俊和侯一民。为什么他们留在油画系而我去版画系了呢？因为我的水平不如他们。詹建俊画描写北大荒的《起家》，侯一民画的《青年地下工作者》，还有一张画得很好的是浙江美术学院的汪诚一的《信》，他也是跟詹建俊一起到北大荒去的。这三张画在当时是马克西莫夫最喜欢的，我的画呢，就差一点了，我画的是登山的题材（此处提到的画作为靳尚谊先生的《登上慕士塔格峰》）。那时候创作课很严格，你选的题材要经过老师的批准才能画下去，因为老师要考察你有没有这个能力完成，就算是创作题材，你能画什么，都要由老师来定。当时正好是中苏混合登山队第一次登山，我就访问了他们，定了主题。我的画作比另两位的要差一些，于是我就被分配到了版画工作室，那时候分配工作很严格。在版画系待了5年，我认真研究了素描，在业余时间解决了素描的结构问题，又画了一些油画肖像。我被调回油画系就是因为我画了一幅傣族妇女的油画肖像，并且在画中尝试了一些平面的东西，在北海公园的小画展中展出，被油画系主任看到后，我就被调回来了。

问：美院的教学改革形成了目前"多学科，大美院"的形势，我们作为美院的学生，应该如何更好地在这样优秀的教学传统中学习呢？

答：最重要的还是培养社会需要的人才，可以有一些新的东西产生，但基本上是要满足我国的社会需要的，因为中西社会的差别很大，中国的农民数量很多。我们国家最发达的三个大城市——"北上广"是接近西方发达城市的程度的，但二三线城市暂时还达不到这个水平的。即使北上广这样的发达城市，人的审美素养也是参差不齐的，有些西方的理论模式并不适用于我国。我希望美院办学还是要从实际出发，在学生有能力在社会上生存立足的前提下，培养满足社会需求的人才。尽管现在西方的美院里写实绘画已经很少了，但在社会上这样的作品却很多。我 20 世纪 80 年代到美国的时候，院校画廊里最多的就是照相写实主义绘画，还在不断地售卖。中国对于写实绘画的需求同样是很多的。现在中国还有很多人喜欢古典的作品，因为他们认为那些画非常细致，所以我们国家培养的人才还是要以社会的需求为主，像新媒体和一些发达的艺术形式、艺术手段我们都掌握了，我们接下来要做的就不是只是急于继续更新手段，而是要回归社会需求这个实际问题。

问：那您认为中国油画未来的发展趋势是怎样的呢？或者说中国油画走向世界的必经之路是什么呢？

答：其实对于中国人来讲，走向世界还是要靠中国画，油画我们画得再好也是他们的"学生"，很难平起平坐。油画经典的绘画方式主要是写实的，是比较通俗的画种，但中国画是写意的，其中的文化底蕴是含蓄的，我学画时一直将这两者进行着比较。另外据我对于西方的了解，西方很多知名的伟大的艺术家都对中国画赞不绝口。为什么会有这样的现象？因为油画的发展不断更新，他们的思维和哲学都是追求不断创新的，到了抽象绘画，形式上已经很难再进行创新了，因此陷入了一个瓶颈。然而中国画追求的东西是写意的，写意的东西就处于似与不似之间，它的变化是没有尽头的。另外，很多搞当代艺术的西方艺术家都非常喜欢中国画，因为当他们的艺术形式很难再进行突破时，他们发现中国画里面有他们一直在追求的东西，这是他们西方的当代艺术所难以表达的一种境界。因此要让世界了解我们的艺术，我们才能真正做到"走向世界"，赢得全世界的尊重。

问：您是大都美术馆的馆长，我们的专业是艺术管理，所以想听听您对于如何做好一个展览或美术馆的建议。

答：我对于大都美术馆的建设还是比较满意的。首先，整个建筑与外部环境是非常协调的，里面的各种设施都非常专业，尤其是解决了油画的反光问题。这是很讲究的,角度和色温都要好好斟酌,如射灯要选色温较高的,要尽量还原自然光的颜色,这是硬件。软件就是组织展览。现在要有专业的策展团队,不能像以前仅仅做综合性的展览,现在要做研究性的展览,展览要有清晰的主题和目的,体现什么样的艺术精神也要想清楚。另外就是要精心布置,布置一组画要用什么颜色的墙?西方的美术馆展示古典绘画时用色其实是很单一的,主要用土红、灰绿。现代艺术的展示在美国用过白色的墙,但多数还是浅灰色。背景色彩、灯光的位置与画的关系是非常重要的,展示的方式和效果要注意。要组织好展览,选好画,定好主题,布置要讲究,美术馆的分类管理也要不断更新。

靳尚谊先生与小组成员合影

采访人:张天成　田英凡　邢　画　费　越　李雅迪

采访时间:2017 年 6 月 9 日

翁乃强先生采访录

问：您和我们聊聊您的生活经历吧。

答：我是归国华侨。我生在印度尼西亚的首都雅加达。我妈妈是华侨，我爸爸从国内出去，为了谋生去的印尼。我们到了北京站，一下火车，就去看天安门。天安门那个时候不像现在那么雄伟，那么漂亮。城楼上还长着草，城墙上面的裂缝里还长着小树。那个广场三座门，东边一个，西边一个，三个门，很窄的一个广场。很多华侨看到天安门后眼泪就下来了，因为回到了祖国。我们是南方人，回国后直接到北方准备学习，为祖国服务。那时候我们被分配到老美院，就是东城区的东堂子胡同，那个地方有个四合院，侨联搞的华侨之家，我们就在那里住。我那时候到北京，以为哥哥们都在北京，要找他们，但其实哥哥们都走了——一个去广州参加"土改"，一个参加了抗美援朝。那时候刚13岁的我，没有家、没有亲人在身边，感觉很难受，因为想家就流眼泪了。但华侨朋友都很照顾我。一开始我家里条件还挺好的，因为我父亲是搞广告公司的，还有个照相馆，后来还拍印尼电影。一下子回到北方，什么都不习惯，如戴棉帽，穿棉衣，穿棉鞋。刚开始到北京还不知道冷，还用凉水洗澡，因为我们习惯每天都洗澡。后来越洗越不行了，太冷了。我考上了育英中学后，在东城区灯市口那里住校，同学之间互相帮助，老师也都很关心我们，慢慢就适应了。当时吃饭每天都是大食堂，吃的都是高粱米饭、窝窝头，吃大菜缸腌的咸菜疙瘩，肉很少。

问：您与美院有着怎样的关联呢？

答：我对美院的情感是很深的。我小时候喜欢画画。为什么喜欢画画呢？和我的家庭很有关系。我爸爸也喜欢画画，他跟一个很有名的叫李曼峰的华侨画家关系很好。李曼峰祖籍广东，后来是一个总统画师。那个时候，李曼峰是我的义父，因为当时他和我爸爸合作搞广告公司，画一些电影海报，拍一些照片。所以我从小就受到这方面的影响。他很崇拜徐悲鸿院长，那个时候，日本南侵，一直到南洋，徐悲鸿当时在新加坡。他就抽时间，坐着运马的船，通过苏门答腊，去新加坡见徐先生，徐先生很赞赏他的画。我小的时候就受到这些影响。我上二十五中时就喜欢画画，还是少先队员，参加少年宫的画画。后来我就报名美术学院附中，这也是受到我义父的影响，那时才第二届招生。在徐悲鸿先生办的美术学院附中，我和周思聪是一个班，后来我们班出了很多人才。

你们看看这张照片，照片上都是我们美术学院最棒的老师——董希文老师，《开国大典》的作者；第二位是许幸之老师，20世纪30年代拍了好多电影，咱们的国歌原来是电影《风云儿女》的插曲，这个电影就是他20世纪30年代在上海拍的，而且他也画画；第三位是吴作人老师，是我们的吴院长，我学习油画就是在他的第一工作室；下一位是罗工柳老师；再下一位是艾中信老师，他是我的恩师。

左起：董希文、许幸之、吴作人、罗工柳、艾中信

我们学校有好多老师都是挺棒的,再如国画系的叶浅予老师、李可染老师、李苦禅老师……那个时候的美院简直是大师云集,是他们培养我们,我们这些"小鸡"就是被他们这些"母鸡"带大的。同学之间也挺团结的,搞的活动也好,每年国庆节我们美术学院都会参加,去跳民族大团结舞。我那个时候挺活泼,在学生会里搞文艺,喜欢跳舞。我有时候到外边学跳舞,学了以后,在操场里教大家跳舞。

当时我们就在王府井那边,学校不是很大,条件也不是很好。冬天的时候,每次上课前,需要给大炉子劈柴、生火,把煤球放里边烧得热热的,画模特得暖和嘛。我们生怕这火熄了,就轮流去续火。

后来美院要办摄影班,老师就提出来让我回学校开摄影课,就把我从工作单位调回了美院(1990年调回中央美术学院版画系筹建摄影工作室,任副教授),所以我就在美院搞摄影基础教学。那个时候学校没有暗房,摄影师也没有,就我自己带着最早的6个学生到暗房找摄影师,就慢慢地把美院的摄影教学搞起来了。

学校对我帮助很大,我的导师、我的同学,甚至于我的学生都给了我很大的帮助。我能够工作时拍一些东西,跟他们是分不开的,这是互相之

翁乃强先生与小组成员合影

间的学习。我和美院的感情很深,我的家就在美术学院对面校尉胡同24间房那里,学校一打铃,我就从家里出来直接到学校上课。每天大部分时间都在学校,所以我和学校那边的老师、工友、食堂的大师傅、修理工都很熟,他们叫我小翁。可以说,美术学院是我的家,我在这长大,在这学会了怎么为国家服务。学校有很多好的老师,他们给我树立了榜样,值得我们大家去学习。

采访人:张芷蘅　陆明敏　黄露瑶

采访时间:2017年5月27日

曹春生先生采访录

问：您的童年跟抗日战争、解放战争基本上是重合的。那段时间对民族、对国家而言，都是苦难。作为历经风雨的老前辈，您对今天的学子有什么寄语？

答：我们还是要关心国家，还要把自己跟国家的命运结合起来，不要认为自己是一个单体，玩世不恭，把学艺术完全当成一种游戏，没有一种责任感、使命感。特别是中国知识界的精英们，应该跟国家的命运结合，应该关心国家的前途，应该身体力行，不要沉迷在一种个人的小圈子。这些问题呢，过去那一辈年轻人很注意，"国家兴亡，匹夫有责"，甚至于不怕牺牲自己，像那时候赵一曼，特别在那种黑白很分明的情况下，他们坚持为革命为国家牺牲。现在的人能不能这样？当然形势完全变了，假如以后大敌当前，大家会怎么样？特别是学文化艺术的人，跟学科技的还不完全一样，你的一切一举一动都会对别人有影响的。

问：您对当前的艺术教育怎么看？

答：我就从艺术上来讲，从第二次世界大战之后，西方的一些艺术家好像玩腻了传统的、古典的，就来点现代派、后现代，标榜是很新的新艺术，最后完全排斥过去。学校也不教这个了，新的老师也没有。所以20世纪90年代我到巴黎艺术城去，顺便看了巴黎美术学院，又到意大利和美国的美术学院看他们的教学，感觉那水平太差了，咱那考前班的学生都能给他们当老师。他们就像小孩在那玩，因为老师说，你们就随便做、凭感觉做，并不严格要求基础。看起来很自由，实际上不作为，老师应该把基础的东西告诉学生，给他们打下一个很好的基础。你看数学不也得有客观规律嘛，艺术也有一个客观规律，但是掌握这个规律并不等于完全代替。人到一定年纪以后，慢慢根据自己的思考运用这个工具，去发挥。

在学校里，要端正态度——"我们学艺术干什么？"学艺术不是简单的游戏，也不是简单地满足自己感官的。你要学本事，要服务社会，社会再反馈给你。过去咱们讲为人民服务嘛，外国也一样：学艺术，要给人们心灵提供些什么。比方说过去的宗教艺术，比如文艺复兴，很多都是表现天主教、基督教，它告诉人们行为规范，告诉人们什么是美的情操，什么是美的人生，是启迪人们往好的方面发展。

问：您怎么看待主题创作，特别是在雕塑领域的主题创作？

答：首先雕塑在历史上有这样一个时期——我们过去比较习惯国家给个任务让我们做。在改革开放初期，我们更多还是表现国家的历史、历史人物、历史事件。因为雕塑最大的长处在于它能更好地表现国家的历史，更好地宣扬爱国主义精神、英雄精神。雕塑天天立在那儿，即便你不爱看，都会受影响。要是在那立一个英雄，你的思想总会有点触动，并不会无动于衷。所以就像人民英雄纪念碑，用雕塑来反映民族的命运、民族的奋斗历史。传统的碑的形式，能让人们直观看到鸦片战争、太平天国、五四运动、解放战争，近百年来为国家牺牲了的很多英雄。

雕塑的主要任务，应该是表现正能量，表现国家的历史，这是雕塑最大的特点。但是现在雕塑表现抒情的也有啊，在自然环境、公园里摆一点，大家很开心啊。新中国成立前期，是为人民树碑立传。过去的雕塑，为人民树碑立传的几乎没有。另外，雕塑创作不易毁坏。你弄张画，放那两三年肯定坏了，风吹雨淋的，所以雕塑在这方面还是体现了极大的优势。

曹春生先生与小组成员合影

采访人：许凡弘　潘　凯　朱芮菡

采访时间：2017年5月22日

袁运生先生采访录

问：您曾经说过，在教育上走中国之路是您的梦想和追求。您为什么会提出这样一个思路？

答：在文化问题上，我觉得作为中国人，不能不关注自己的文化，不能不想文化怎么发展。为什么后来我要去做"重建中国的高等美术教育体系"这样的事情，用中国的雕刻、中国青铜器、中国的古代绘画、书法，重建中国的高等美术教育体系。中国的文化主要强调的是人文精神，做的东西是既简约而又有内涵。我们的教学体系必须纳入这些东西。西方人怎么做那是他们的事情，他们根据他们的思路继续传承他们的文化也无可非议，但是中国人必须要重新考虑传承自己的文化，在这个基础上再往前发展。这就是我为什么要做这个课题的原因。

问：先生，您是怎样选择这些作品的呢？

答：这些东西，其实中国哪儿都会有，但是有的地方多一点，有的地方少一点，如果把它们都汇聚起来，做十倍的教材都是够的。但我一般都是在收藏它们比较多的县市选择，比如山东的诸城。我们选择我们认为最好的来当教材，是根据我们自己的判断，觉得这个东西又耐看，水准又高，造型又很独特。比如说以青铜器来当教材，学生们画得有滋有味。现在的问题是，我们这个学校一直以来是用西方的雕塑来当教材，所以基础教学现在教改，还有抵制情绪，我们放在圆厅中的那些东西，还在画西方的雕刻。

问：那在画这些东西的时候，学生们用的是什么样的方式？是素描的方式吗？

答：素描是基础教学，学造型的人当然要学素描。只是说你在方法上，是用西方的那一套，越细越好，还是要既简约又有内容，有个人的特色。中国的雕刻就能抓住要害，把造型最关键的点抓住，那个表情也出来了，形象也出来了。

问：对于传统的传承，您觉得是一定要用中国画的形式，还是通过别的形式？

答：绘画的一生是经验的传递，一个人到了四五十岁已经积累了很多经验，无论是画画的经验，还是生活的经验。它们对构图、绘画的意义都是启发性的。我所画的所有的画，你看这些相片，都是我在不同时期形成的形式。这种知识网络最重要的是积累理论，中国的理论极有启发性，和西方的不同，是更有效的，是可以指导世界的。当然对日常生活的帮助也是很多的。如果你想要更多有趣的东西，也可以自己去搞新形式。

问：在您的作品中我们经常能看到《始祖》一类的画，里面不仅包含了中国的概念，也包含了东方的概念是吗？

答：其实中国就是东方的代表，无论是朝鲜，还是日本，多少都受了中国的影响，中国是东方最古老的国家，这是无可否认的。你可以从他们（周边国家）的建筑和语言中找到中国的影响。中国历史悠久，有自己的发展脉络，曾经的辉煌留下了太多的遗迹。现在文化中还有很多等待发掘，那些地下墓葬等都是值得我们发现的，这些都是留给后人的文化遗产。你看这些佛像都是从地底下挖出来的，有的地下遗址大，有的地下遗址小。很多历史博物馆的收藏文物都会在我的绘画材料中出现。但我们现在很多创作其实别无选择，比如说楚国曾经地位极其显赫，文化也极其发达，到现在为止，我们基本上只知道楚国的乐器（编钟等）。保护是保护，但也要有选择，要选择那些可以推动文化发展的。地下的东西究竟有怎样的背景故事其实是未知的，我不支持到哪挖哪的这种模式，应该有计划、周密地进行考古工作。

问：您带着学生在外地考察的时候，有什么有趣的事情？

答：在外地考察，有趣的事情不用找，你去看就足够有趣了，因为可看的东西太多了，宝贝遍地都是。美术学院总该花时间到室外去，而不是都在教室里，至少每年都有一定的时间专门外出考察。基础教学的改革也是必要的，基础部的老师也是很重要的。改革基础部教学当然是集体改革，首先应该从教员开始，就是他们的基础要提高，都教了十几二十年书了，要学新东西。我不知道最近的基础部教师怎么样，可能让他们一下子转变会有些难以接受，但必须要慢慢练习。

问：您对美院的新百年有哪些寄语呢？

答：美院基础部教学改革应该呈现新面貌，百年校庆是一个很好的机遇。美院的下一个百年到底该往哪里走？不要盲目跟着西方走。军事上是看武器，文化上就是看自觉。过去我们把去西方留学看成金字招牌，在现在的教学上也是这样。作为研究，去西方学习是可以，但应该是等你有了一定的中华文化的根底之后再去学习。二十来岁的年轻人很多都在学习西方，其实他们应该走自己的路，这也是我最担心的问题。

袁运生先生与小组成员合影

采访人：康家轩　周清纯　闫　妍

采访时间：2017 年 5 月 23 日

张宝玮先生采访录

问：您作为设计学院的创始人，当年创建中央美术学院设计系有什么契机？这其中又发生了什么趣事？

答：靳尚谊先生在国外考察一年后回国，在中央美术学院任院长时，他发现搞纯艺术的学校的发展都不是很快。但是，美术学院里只要是有设计专业的，都发展得很好，并且之前从中央美院调走的教师组成的中央工艺美术学院发展得也越来越大。

在我回国前，靳尚谊院长就按设想将设计这个新学科放在壁画系了，那时候李化吉是主任。然而，去文化部申请设计专业时只能申请一个室内设计（环境艺术），建筑专业是不能申请的。因为建筑按当时的规定是要在工学院里才能设立的。因此央美就以室内设计（环境艺术）的名义申请了专业。

中央美术学院搬到"二厂"的时候，学校就决定将设计从壁画中分离出来单独成立设计系，并扩大教师团队。这个时候就将戴士和、谭平、滕菲等优秀教师调了过来一起来组办设计系。而在我刚刚回国时靳院长就交代要我物色一批有国外留学经历，最好有工作经验的老师，这样陆续又有老师过来了，像肖勇老师就是这样来设计系的。这时设计系中就有了建筑、环艺、平面、产品等专业，同时我们也开始做一个新的适合于设计理念的基础课，可以说是率先改革了当时国内其他美院设计系的基础课与国画系、油画系、版画系、雕塑系的基础课相同的现状。而后来这个基础课也在国内拿到了金奖。这样，我们的设计系就建立起来了。设计系在潘公凯先生任院长期间发展成了设计学院，建筑系也被独立设为建筑学院。

问：您曾经在采访中说："对于一个学建筑的学生来讲，最重要的就是学校和环境要培养学生的审美。"那么您觉得中央美术学院的环境对于学建筑的同学来说是否是一个好的环境呢？优点是什么？需要改进的缺点又是什么呢？

答：当时靳尚谊院长希望我回来做教学方面的工作，我就非常高兴并且很愿意回来，放下了西班牙那边的事情。我觉得在我们中国的建筑方面，有一个很大的问题，就是在1953年院系调整以后，建筑学院无论是在综合性大学还是在美院中都很少见，而且大部分的建筑学专业都被合并到工学院去了，虽然在工学院的学建筑还需要学生有一定的美术基础，比如画一点素描、色彩，但是工学院和在美术学院的环境是很不一样的，所以这30年来培养的学生，不太重视审美方面。工学院的建筑系在入学的时候是凭文化课成绩的，对绘画基础没有特殊的要求。其实现在也有许多大学的建筑系也没有设关于美术方面的考试。

改革开放后，我们国家的城市建设有了突飞猛进的发展，但是我们的建筑设计还是有缺陷的，存在抄袭的问题——将外国的优秀建筑复制过来。我们国家的很重要的建筑都是从外国请设计师来设计的，然而外国的设计师只是提供了一个方案，关于施工图都是我们自己画的。其实我们的工程方面是绝对没有问题的，只是我们缺少艺术修养，缺少创新的方案，所以最后中标的往往是外国设计师的方案。

我的想法是，要改变中国建筑的水平与设计的水平，就必须从学生开始抓起，首先要做教育。要加强对艺术修养的培养，努力提高学生们的艺术修养，使学生们为中国的建筑增加新鲜血液。靳尚谊院长说要在美术学院成立设计专业，所以当时我特别高兴，在这个环节当中，将建筑融入美院，可以培养一些优秀的、有艺术审美的设计师。

建筑学不只是属于工科的，建筑这个专业是综合性的，也注重艺术与人文方面的修养，而且要求是很高的，但是工科的基础也是很重要的。所以说建筑是一门很特殊的学科。我们以前的教学常常是一种知识的传授，然而现在知识的传授已经变为次要的了,开发学生潜在的能力更为重要。所以我觉得教育方法仍需要改革,以前我觉得设计专业作为新兴专业是最好改革的,但是由于传统的惰性,又被传统带回去了。现在处于一个大的变革时期,比如你们都知道的包豪斯就是针对工业的发展进行了总结和改革,提出了新想法,我们现在是信息时代,应该使我们的学生跟上时代的潮流。现在流行跨界发展,很多学生在他们的毕业设计中就已经有了这种趋势,所以我们应该好好讨论一下到底怎么培养学生。

问:在中央美术学院百年校庆将要到来之际,您对于中央美术学院、对于中央美术学院的学生有什么样的期望?

答:我的期望是美院针对教学要敏感一点,要看准时代发展的方向。我们现在总说争取世界一流,什么叫一流?一流的东西就是你所做出来的东西,可以吸引别人来学习。如果被别人牵着鼻子走,是做不到一流的,一流就是要与优秀的事物并驾齐驱。我们的教育和艺术要如何做呢?我认为还是要去创新,打破陈旧的观念,在教育上开拓,在学校给学生一个创新的思路,不要总是教知识,知识都是旧的,重要的还是新想法。

张宝玮先生与小组成员合影

采访人:张欣萌　张　瀚　李梁晨

采访时间:2017 年 5 月 12 日

张立辰先生采访录

问：我们之前了解您是1977年开始进入中央美术学院任教，请问您当时为什么来美院？

答：经过"文化大革命"以后，各项事业受到冲击，我需要重新考虑工作单位。"文化大革命"对我们中国画冲击很大，我也没怎么画画，后来去了"五七干校"，经历这十年之后，大家要开始思考自己的专业和工作归属，我们学绘画的人要思考创新、恢复专业和艺术创作、教学。我以前是浙江美术学院毕业的，跟着潘天寿老师学了5年，有对中国画的热爱和对中国画创作的欲望和理想。后来正好美院也恢复教学，我也有了一个选择的机会，中央美术学院是全国美术教育中的顶级学府，虽然我是浙美毕业，但当时已经在北京工作了，美院也需要老师，因此调到了美院。

问：您刚才提到您的恩师潘天寿先生，能否跟我们谈谈潘先生对您的教导在您的专业成长中产生了怎样的影响？

答：潘天寿说自己一生都是"教书匠"，很风趣，也说明了潘先生对美术教育的重视和热爱。从20世纪30年代到现在，他为中国画教学形式可以说是做了一生的努力，打下了中国现代美术教育的基础。中国画从文化的角度是一门比较综合的艺术，需要全面的修养；从特点讲，需要基本功：笔墨形式、表现语言形式需要一生长期的积累，所以中国画非常重视传统。还有具体的学科建设，他建立书法专业、分科教学（花鸟，人物分科）。20世纪50年代末，尤其是他主管教学的时期，极力为教学基础的建设去努力，根据中国画的需要，把基础课和专业课建成一个系统的有一定高度的教学体系,一个很精细周到的设计,基于中国传统文化的专业需求,在分科教学基础上加长临摹课,有层次地循序渐进地周密地进行教学。学习中国画应该从最基础的东西入手再逐步加深,所以他在中国画的教学方案和教学课程设置上都有一个循序渐进的计划和课程安排——由浅入深、由低到高、由基础到提高。他给我们一个重要的思路和方法,就是中国的东西不能孤立地去做。从书法绘画角度,潘先生对我们的教育非常重要,使我们在后来的艺术探索研究中,不断地回忆他的思想,按照他的思路走下去会有成果,也不会走弯路,这一点感受很深!

问:您是在什么情况下担任国画系主任的,并且当时的内外界氛围是怎样的?

答:跟潘天寿先生当时的条件相比,我们经历的时期要好一点。潘先生那时候正值国家局势动荡时期,潘先生能坚持传统,为此奋斗,我们相比之下做得还很不够。在潘先生的影响下,我们也想做一个"教书匠"。20世纪以来,中国画的发展越来越难,是在各种势力的夹缝中生存的,到了我们这个时代还在为中国画的命运担忧,面临的问题还很大。

靳尚谊先生站在西画的角度重视中国画,觉得在中国,我们自己民族的绘画生存受到了威胁,中国画是一个有发展潜质的画种。中国画终结不了,它是不断从博大精深的文化中发掘本体,向更高的方向发展。传统文化中可发掘的东西多得很,说不定哪天就刺激了中国画的发展。我们中国画本身的意象中既包含具象,又包含抽象,这是中国传统文化的背景、根基决定的,这些东西不可能发展着发展着就没了。它在传统文化中是一个支脉,是有后援的,哲学思想、意象观念都是这种后援,而这些后援本身就有强大的生命力。

张立辰先生与小组成员合影

问：您作为老美院人，对我们新一代的年轻人有什么期望吗？

答：中央美术学院是全国美术教育的最高学府之一，在学术实力上是很强的，为中国画的美育作出了巨大的贡献，不负蔡元培先生提出的口号——"以美育代宗教"。我们非常感谢老一辈的艺术家为我们做的努力和积淀，不仅是艺术水平高，还为后人在治学和发展上铺好了基石。艺术家、教育家所作的贡献是不能忘记的，美院的精神也就在前辈的指导下，影响、塑造了美院的独特学术界氛围——重学术、重人格修养，强调人品、画品。美院的教学性质，反映在一代代的师生风气中，要继续保持。希望年轻学者们不管社会发展到什么时候，都别忘记了我们的传统。并且要把握艺术规律，尤其是对不同艺术形式，坚持本体艺术观念之外，可以探索追求新的表现形式。中国传统文化精髓仍然是我们永远需要掌握、学习、生长的根基！

采访人：董一逍　原中书　郭荣荣

采访时间：2017 年 5 月 15 日

郭怡孮先生采访录

问：非常感谢您在百忙之中能抽出时间接受我们的采访。我们了解到，您的父亲郭味蕖先生是著名的艺术家，曾在中央美术学院国画系担任花鸟科主任，您在1978年进入中央美术学院的时候，也担任了同样的职务。您觉得您在教学理念和学科体系建设上，哪些承袭于您父亲？又做出了哪些探索和突破？能跟我们具体谈谈与美院的情缘吗？

答：1950年中央美术学院刚刚成立，需要大量的教学人才，那个时候我父亲应徐悲鸿先生的邀请，到了中央美术学院。我们父子俩接上，正好67年，也可以说占了整个中央美院三分之二以上的历史。我女儿也是中央美术学院毕业的，我的两个弟弟也曾在美院学习，这种感情还是挺深的。

在央美走过的一百年，中西文化有着大的交流、大的碰撞，在这样一个过程中，尤其是中国画的发展，是一个历史上从未有过的阶段。这个阶段，波澜壮阔，看起来是一个艺术种类的发展，实际上是社会思想、中西文化交流、传统文化与现代文化的交流。

中国画经过了一个备受冷落的阶段，因为它表现不了现实、不能直接为人民服务，到"文化大革命"时期完全受到迫害、打击，在"文化大革命"前的整个时期，应该是非常受冷落的。在这样的阶段里，中国画怎么教？中国画怎么发展？美院也经过了非常深刻的这样一个阶段。中国画系曾经带着所有的老先生画人像素描，了解西方素描的体系，这段经历实在是很艰苦。但是所有的先生们都极其认真，当作一个教学改革的任务——如何使中国画走向现代？如何让中国画能表现现实？如何让中国画跟上时代的要求？发挥中国画大的融汇能力？这一点，我想美院是走在前面的。老先生们在自觉地进行这种教学改革，在这种中西文化大碰撞的时期，中国画的融汇能力、吸收能力、吸纳能力以及它自身的更新能力，在老先生们的身上反映得非常明显。这些老师们这种为中国画的发展，为中国画能跟上现代所作的努力，深深地影响了我们这一代。

问：您在任教之后，对中国画的理念又有了怎样的理解或者又提出了怎样的见解呢？

答：我们现在的人，看起来知识面很广，实际上真正的学问是在山水画，我越活越觉得，太可贵了。李可染先生、宗其香先生，这几位山水画的老师，也都是不得了的。一方面传统扎得很深，一方面又能够跳出来；一方面对中国画的写实精神了解，一方面又对中国画的胆、魂、写意的精神有自己的主张。他们一起组织这样一个班子，在叶浅予先生带领下全都在总结我们现代的国画怎么办，怎么教，不能是彩墨画系，应该是中国画系了。中国人更应该懂得中国画，中国人更应该懂得我们的传统，而且中国人也应该知道咱们绘画的发展充满着希望。

问：您谈了美院以前的这些老先生们、老艺术家们，我们非常感动。到了您这一代，您是怎样将之传承、发展，或者探索和突破的呢？

答：作为我来说，我感觉我在做工作的时候，有几个方面还是比较有开拓的。第一，在我担任系主任的时候，我成立了进修班。当时的学生很少，分到科以后一个班只有三四个学生，我当时坚决提出来，把社会上希望到美院来学习的人吸纳过来，一个班就变成十几个了。在这种教学模式下，进修生和本科生的提高都很快，这就是我做过的一次一举两得的有益工作，到现在都觉得蛮骄傲的。第二，当时刘勃舒先生当副院长，我坚决主张中央美术学院跟日本东洋美术学校合作，一直到现在，它都是国外较早跟中央美术学院合作办学的学校，能够在日本唯一的专业艺术院校里设立中国画系，这是我一直在坚持的事情。在这些方面，我还是尽我的力量做了一些事儿，对美院多少还是有点儿贡献。

问：美院即将迎来百年了，您对学生们有哪些期待？

答：我已经带过好几代学生了，不同年龄段的学生，你们这个岁数的学生，只有不到20岁。你们缺少的是经历，缺少的是挫折，缺少对社会深入的理解，缺少对爱、恨非常清晰的感受。没受过苦，很难去画画，很难去深入评论、去看一些东西，我感觉这可能是这一代人最需要锻炼、最需要学习的。教育的问题是个大问题，不光是学校的问题，还有家长的问题、社会的问题，等等。

郭怡孮先生与小组成员合影

采访人：孙　娜　王莉然　肖　冉

采访时间：2017年5月19日

孙家钵先生采访录

问：孙先生，您是1978年回中央美术学院读研究生的，当时美院是怎么看待"实验艺术"的？

答：当时还没实验艺术。我觉得年轻人知道这点还挺重要的。改革开放后大家已经憋足了劲，都觉得太落后了，都在想道路怎么走，这就出现了当时的"星星美展"，这实际上是一种反抗精神的体现。

问：现在更讲究艺术家追求个人的风格，各个工作室都有不同的样式。

答：没错，不应该是这样的。比如我们现在的工作室，是孙先生开创的，所谓的当代大师，要在学校里跟人家接轨，贯彻美国式教育。我们那几个有搞装置的、有搞观念的、有搞公共艺术的，作为基础教学就只有我们这个工作室和苏派那个工作室。

问：我看过您写的《塑造法十日谈》，可以再跟我们聊聊对于雕塑技法的认识吗？我在这本书的前言里看到您说现在的技法要么是苏派的，要么是从西欧那边传过来的，您想要倡导一种有我们中国特色的民族的技法。所以我非常好奇您对于在雕塑技法上民族化的认识是什么？

答：我觉得现代的不能追求，民族的更不能追求，追求肯定是形式主义。所以你说的不准确。我们就是传统的造型，怎么认识这个造型？在大学的5年里能够认识"形"，看到这个"形"，就是最棒的。至于之后怎么走，就随他自己的感觉走下去就好，这和民族一点关系都没有，从基础造型的角度来说世界是通的。因为我们研究的造型完全就是西方传下来的。我们要求把雕塑做好，做好的基础就是对"形"有认识，你才能抽象，没有这个"形"你怎么抽象？只能瞎编，或者是抄外国的。真正好的抽象是认识了这个"形"，认识了什么是美。之前有个先生到我这里看我的东西，半个钟头没说一句话。后来就说了一句"还不够简，再简"。我觉得他说的就是现代的精髓，因为他在法国待过，知道什么是现代主义。所以我觉得把"形"做得再强烈再简洁，就是西方现代的一个追求。这个追求其实和咱们中国传统文人画的观念是类似的。

问：听了这么多，我有一个很真切的感受，那会儿的美院，大家都想把艺术做好，也没有那么多想风格、想流派、想市场、想政治。我最感触的是那种踏实的精神。其实就有点像我们现在电视上老说的"工匠精神"，我不知道合不合适。但是我觉得您这一代的艺术家和那时候的学生最核心的一点就是踏实，特别的淳朴，我觉得这对于今天的我们来说是最大的一点受教。如今美院建校有100年了，在100年之后我们美院应该怎样发展？就应该像您所说的大家应该做一些更纯粹的艺术，而不是迎合政治或资本市场，或者是杂念的东西。

答：其实这挺难的。我自己都修正了我这个观念。比如我跟同学说要做就要做自己心底最感动的东西。可是现实生活又不是，每年的毕业展览都有好几件东西挺卖钱的。这样的东西对别人的影响特别大，下一届的都看着这个，都做这个。所以我也修正我的观点。因为他们也得吃饭啊，不能像我这样高谈阔论，别人没饭吃可怎么办啊。所以我说艺术品就是自己的东西，但是你要是能赚钱发财，我也高兴。

孙家钵先生与小组成员合影

采访人：冉桑鹏　向　宁　康一诺

采访时间：2017 年 5 月 11 日

叶毓中先生采访录

问：叶先生您好，您从四川美术学院毕业后在中央美术学院任教很多年，我听说中央美术学院前前后后邀请了您三次，前两次您为什么拒绝了？最后又为什么答应了？

答：这个问题啊，就要从我考四川美术学院说起了。因为我的哥哥叶毓山在四川美术学院任教，我1957年初中毕业后，他就劝说我去报考四川美术学院附中，从附中升学到四川美术学院。1965年从四川美术学院毕业我就去新疆当兵了，本来我是一直打算当兵，但因"文化大革命"的原因中断了。在那段时间里，我尽力干好自己的工作，下班之后就画一点画。这个时候全国开始出版美术作品，但是当时想获取出版资格非常难。1976年打倒"四人帮"后很多书就可以出版了。为了宣传党的思想纲领，党中央批示要多印刷"连环画"。当时的人很少有会画连环画的，大家都只会画传统中国画，国家急于培养一些技术过硬的画家。而我当时响应党的号召，画了一本《不怕鬼的故事》，还画了很多其他的连环画，得到了很多人的认可，算是有一点名声和成绩。按常理来说，北京的大学好是好，但是毕竟我的家在新疆，而且我对部队有很深的感情，不想离开。后来中央美术学院成立了年画连环画系，缺老师，特别是有实践经验的老师，所以他们再三邀请我，再加上美院的杨先让先生对我赞赏有加，极力邀请我，所以就这样，1983年我就到了美院。

问：您讲讲在"二厂"的生活吧，因为这也算是中央美术学院的一个中转时期，当时的生活条件艰苦吗？

答：当时所有领导人的愿望就是办好央美，做好美术教育。有一次我和靳尚谊到吴作人先生家里去，当时他病了，躺在病床上，还跟我们讲："现在条件已经比以前好太多了，你们除了上课，画模特儿，下班之后也要加紧练习，不然如何教好学生呢？"他对我们要求很高，对学校是很诚恳的，情感非常深厚。再说古元，他从来没有刻意创作，而是非常真诚的。那时候我们主张启发式教学，学生也是非常认真。还有杨先让先生，当时他很关注我的教学和生活，给了我很多关怀，而且他真是我见过的最直爽的人。

在"二厂"的生活，在我看来已经很好了，像我之前在部队才算是艰苦。所以我经常开玩笑说，谁要是说生活很艰苦的话，把他弄到新疆的沙漠里去待几天，看看怎么样。你再问他，还觉得艰苦吗？在真正严苛的环境中活着就好了，还说什么很艰苦？

问：我觉得，您体现了一种境界、一种格局。现在这个社会总讲求营销宣传，你做了事情可能别人看不到，你要说出去。有的人可能做得特别少，但说出去就显得特别大。但您不一样，您可能做了很多事情，但是对于您来说却好像不值一提。

答：人们说，立功、立业、立德。比如说，我这一仗立了功，这个功确实是我个人所立的。但是美院不一样，这是大家的事情，不是说我在这儿有什么功劳，只是说，别人给我分配了任务，让我把事情干了，我就把工作做好。要说我做了什么，其实我做的都是我应该做的事。

问：现在美院迎来百年，这100年是由过去的100年的历史组成的，也是由过去100年的人和事组成，包括校尉胡同5号，包括"二厂"时期，包括现在的花家地校区，这都是在美院100年的生命历程当中不可或缺的几个阶段和部分。您在美院收获过，教学过，是为她的发展和壮大作出过重大贡献的人，所以就想和您聊聊您对央美的情感，请您谈谈您多年的教学感受。

叶毓中先生与小组成员合影

答：我在上课的时候，不讲我的画，因为我觉得每一个人他想怎么画就怎么画，他应该建立一个自己的体系。什么是美？这是没有标准的。有的时候在讲座上我问大家，这个标准是谁定的，他们说大家，我说哪个大家，他们又都说不出。我问他们这个大家包不包括你，包不包括我，他们说包括，我说那我定一个标准，就是以我为标准，行不行？他们就笑了，说那不行。那为什么不行呢？我不是大家吗？他们又说不出什么理由来了。所以说不要人云亦云，可能这个标准对他是适用的，对你就不适用了。这么多年来，美院给我最大的影响是对精神的培养，这让我很敬佩，这个精神就是中国画家的精神，我们都享受着美院的恩惠。美院是一个很好的集体，很有自己的风采。

时间过得很快，美院已经建校 100 年了，能够拥有这样一个优秀的集体，能够在这儿工作过，我感到非常荣幸。祝学校越办越好，迎接新的辉煌。

采访人：胡思宇　刘西朵　王　倩

采访时间：2017 年 5 月 5 日

贾又福先生采访录

问：贾先生您好，请您谈一谈您在美院的往事，您作画的思想观念，以及您当时在央美上学时，您的老师对您有什么影响呢？

答：这几个问题我结合在一起来谈，因为我觉得美术学院的教学面临着一个新的、不同的发展阶段。我是1960—1965年上学的，在我们上学的那个年代，最有感触的就是学生尊师重道，老师爱护学生、认真教学生。

我们当时的班主任是宗其香老师。在学术方面，他跟李可染先生主张是不一样的，但是可以互相借鉴、自由发展；他对学生也是非常爱护，非常认真负责，上课从来都是非常严格地要求学生。我自己最崇拜的老师就是李可染先生。李可染先生上课的时候、评学生作业的时候，每一句话，甚至他讲话的语气、标点符号，我都一字不落地记录下来，他的讲课笔记我记了有好几本。我对于自己尊敬的老师，只要是他说的话，也不管他当时说的什么一律都拼命地记下来，记下来后再看、再研究，觉得这些资料实在太宝贵了。其他老师，他们也都是爱护同学，恨不得把自己所有东西一下子都教给同学的好老师。比如李苦禅先生，到了课堂上就是给学生画示范，李苦禅先生对学生的启发太大，怎么下笔、怎么用墨、用笔的程序性、笔与笔之间的关系、大写意笔与笔之间的联系，这一部分跟那一部分的联系，你从他画的画就能看得非常清楚，他到每个课桌上就是给学生示范。5年下来，没有干扰，以苦为乐，虽然说生活艰苦，但是乐在学习中，其他都忘记了。

问：您能谈谈您在教学中的体会吗？

答：概括地说来，我的教学理念也好，我的创作思想也好，基本上就是说长期的、刻苦的、专一的搞一件事情。创作的指导思想就是"内省外求"。先说创作吧，内省是什么，古人讲"吾日三省吾身"，就是检讨自己，我有什么缺点，我自己做得怎么样，我还有哪些需要改进的地方，内省来修炼自己。当然内省不都是道德方面，还有文化方面，因此，修炼自己包括"问天""问史""问我"。"问天"是学习大自然、学习生活，"问史"就是学习传统、学习古人那些精华的东西，"问我"就是看看我今天跟昨天有什么不同，我有哪些进步或者退步。有这三"问"，到山上去体悟大自然，学习大自然，创作要高于大自然；考察民间，最大限度地深入传统，且最大限度地跳出传统；反观自己，最大限度地研究、解剖自我，再最大限度地走出自我。

我概括了两句话："以殊之万变，以我之万殊。"我跟别人应该不一样，那么我这个不一样呢，还应该有一万个变化；有一个自我，独到的自我，跟别人认识的不一样，还要有一万个不一样的自我，这是我概括出来的对自己的要求。外求就是要在老师之外，要在老师的老师之外，要在传统之外，一句话，在任何一个历代大家眼界之外，在他们的意识界之外，在他们的技法之外，义理法趣都在他们之外。

问：您说既要继承传统又要从古人这方面跳出来，要站在巨人肩膀上看问题，那就您个人而言，在中国画方面的创造有哪些？

答：我的画要一眼看上去画的面貌跟古人不同。不同也有大小，距离越远越有大的不同越好，我讲的是一个高度和难度。难就不容易达到，如中国画的很多高难度的技术水准，没有实践和多年的锤炼，是做不到的。做到浑然天成的人墨之契合，先画什么后画什么，他只看是琢磨不出来的，所以这就涉及跟哲学的关系。跟哲学最根本的关系，就是最大限度地相生相克。我的追求就是一辙一划方面跟古人拉开距离。

问：您是否认为人到中年决定爱一件事，就要像钉子一样用一生把这个领域研究得很深?

答：对，我觉得就是这样。这是一个非常质朴简单的道理，是一种自己淡定的状态，外面发生什么事只要跟我艺术追求没有什么大的影响，我就画我自己的画。作为一个画画的人，作为一个教师，当好教师、教好学生就是最大的成就。

贾又福先生与小组成员合影

问：您刚才也说了这么多年一直处于潜心的、宁静的作画的状态，您觉得青年人有没有可能做到您这种状态？因为现代科技的发展特别容易让我们分心，一个手机可以坐着看一天。

答：我觉得要有自己坚定不移的信念和追求，如果没有一个使命感，没有一个坚定的信念，是做不到的，很容易被方方面面的琐事干扰。如果你有一个信念，你就会巧妙地利用时间。我还是很古板的，没有计划是行不通的，设置一个牢不可破的计划，任何人都改不了的、矢志不移的计划。这个计划应该说建立在一个非常坚定的意志的基础上。

采访人：刘冠楠　王微言　张艺璇

采访时间：2017 年 5 月 29 日

吴长江先生采访录

问：您从 1980 年开始就深入藏区写生，您第一次去藏区应该还是在版画系读书。第一次去藏区是什么样的感觉，有没有什么特别的经历？

答：1980 年我在上大学二年级，我们上春季下乡写生的社会实践课，宋源文老师带队到了甘南藏族自治州碌曲县，一个叫尕海公社的地方。"尕"在西部就是"小"的意思，尕海实际上就是在草原上有那么一片湖。那个时候，尕海的高原特点非常浓郁。甘肃、青海、四川等地的高原是牧民比较集中的地方，服饰等特点都非常强，人的形象也特别好。当然他们那个地方高寒，所以他们夏天的穿着也很厚，披着袍子。那个时候，袍子装饰的都是豹皮、老虎皮等，现在装饰的都是图案，是彩色布了。第一次去那里，我们的印象特别深，确实完全是我们自己生活经验以外的一个世界。同学们每天在那里很激动，搜集各种创作的资料，拍照、画速写，等等。画速写最明显的问题就是不知道怎么画，因为游牧的牧民没有坐很长时间的习惯，他有的时候坐一下就走，而在课堂上学习的绘画方式方法适合静止的、时间比较长的，所以开始就不知道怎么画，慢慢地就有一点经验了，能比较快地抓住对象的特点，以线条为主。同时慢慢逼着自己就去观察对象的形象特点、动态特点，学这种本事，就能很快地把画面抓下来。那个时候第一次去，就是画得很多，但也都比较潦草，自己认为比较好的作品少，基本上都是在感受的过程中。

问：您曾先后在美院教授相关的专业课程，也做美协的社会工作，同时也是一位艺术家。在这三种身份中您最喜欢哪一个？

答：实际上我做的最长时间的就是教学。我是 1976 年于天津艺术学院附中毕业的，毕业后留在天津艺术学院工艺美术系。我的主要工作也就是教学，到协会做组织工作，实际上也是了解了社会，开阔了眼界，回过头来对自己的创作有很大帮助。

问：20 世纪 80—90 年代，您曾多次出国进行文化交流和艺术创作活动，这些经历对您的创作和教学有没有什么影响？

答：那肯定有影响。油画对我的绘画，以及后来的其他创作都有影响。因为西班牙人擅长用黑色，西班牙的文化里黑是很重要的，你可以看它的建筑、古典绘画、服饰，有很多黑的元素，黑得非常漂亮。它不像法国的绘画，颜色、色调那么多。西班牙的绘画里我觉得委拉斯贵支和里贝拉这些名家的作品最明显的特点就是，在那种简括的表达里显现出丰富性。我在西班牙最大的体会是觉得黑颜色被那些画家用得非常丰富、非常美妙。我觉得它确实影响我在艺术表达上的方法和观念，比如要敢用黑，还要用得非常好看，这本身就是一种能力。当然西班牙的绘画是全方位的。

后来也是因为我爱人在京都大学读法学博士，我又在日本待了两年多。这两个地方是截然不同的。如果最早到日本去留学、游学，可能我的画风就受日本影响多些。我庆幸走出去的时候先去了西班牙，就看到那种强悍的、很有力量和激情的艺术。所以回过头来，再看日本的版画、浮世绘，包括现在的东西，我感情上还是喜欢欧洲早期的作品风格。西班牙的艺术对我启发最大，感受也多，慢慢地对我的绘画创作也就产生作用和影响。当然我想这两块儿对我的影响肯定是慢慢在绘画创作中显现的。感情上也是比较喜欢那种内在的、含有力量的东西。

在创作的方式上，我还会在现在这个状态上往更加深入的方向走，而且我的审美也是更加偏重丰富的、内涵的、厚重的东西。这些东西也是母校——中央美术学院给的。当然将来可能会把这种丰富的、繁杂的风格做得简洁点，简洁可能生出更有力量的东西。

问：您当时选择进入中央美术学院版画系，有什么因缘契机？您对央美的青年学子，有哪些指点和建议？

答：我的第一张创作是陶瓷木刻版画。当时我在天津艺术学院工艺美术系教基础课，我们下乡写生时老师带我们到央美礼堂转过，我很羡慕门口进出的人。当时考央美也是想考国画系，因为我擅长速写，但没有用毛笔在宣纸上画过，而考版画没问题。素描，速写，构图这些方面的都是有把握的，所以我考入了版画系。央美版画系与其他系不同，从 20 世纪三四十年代就一直是中国艺术的前卫力量，所以老师的创作对我后来有很大影响，我非常荣幸能够进入版画系学习。

吴长江先生与小组成员合影

进入央美的都是很优秀的青年人，央美就是有一种"坚持"的精神。你们在学业吸收、消化的过程中肯定会有一些难处，但不要就此停下追寻的脚步。现在摆在学生面前的可能性与选择都多了，所以要用大量时间分析思考，困难也随之增多，但还是要学习央美的老传统，要有定力，对学问要有求索精神，要有一直追问下去的态度。我的体会是，央美能够培养我们这种锲而不舍的精神。现在正赶上国家发展的大好时代，为年轻人提供了开阔的视野，一定要抓住这种机缘，自己设定好目标，不断修正，向前迈进。没有目标就容易受到干扰。我们的学习和从艺道路就是要先做到认真，才能做成事。

采访人：李源清　卢笛心　周可心

采访时间：2017 年 5 月 24 日

王敏先生采访录

问：您回国的契机是申办2008年北京奥运会，其实是在国家急需人才的时候回国，您当时来到美院之后觉得中国学生和外国学生有什么不一样的地方吗？尤其是面对教学的时候，您又是怎样适应这些不一样的？

答：如果从教学、从学生的特点来说，中国学生还是和欧美学生不一样的。当然现在我们的学生变了很多，尽管从2003年到现在只有十几年时间，但这十几年变化特别大。我们的学生不像欧美学生有那么强烈的批判性思维，对事情追根寻底探索的能力也相对来说少了很多，尽管我们的学生都是很有才气、百里挑一出来的，但这些年开始有变化了。还有一点就是提问的能力，这是中国学生普遍的特点，就是大家不爱提问题。不提问题其实有很大问题，因为学生不提问，老师不知道你有没有理解，不知道你是不是有想法，也不知道你到底在想什么，所以会造成很大问题。不过总体来说，我们的学生素质很好，都是很聪明，也很活跃的。

问：您担任院长之后，把很多国外优秀的教学理念引进国内，包括您在推进过程中，也将一些新的理念运用到教学实践中。您在设计学院教学体系的建构、引进国外先进理念的过程中，作出了哪些探索和创新？

答：在刚开始的十几年里，我觉得很重要的一点，就是在我2003年回来之后，《艺术与视觉》杂志对我有一个采访，问我打算如何开展设计教育。我当时就跟他们讲，根据我当时的了解和判断，中央美术学院在纯艺术的氛围里，如果要在短时间内把设计教育做好，做得对整个中国的设计教育有影响力，我觉得应当发挥自己的特点，即基于美术学院的艺术教育，建立处于创意和实验性氛围中的设计教育。在这样氛围里的设计教育是应当能够专注设计语言的探索，专注设计实验性的探索。但是这种东西可能不是特别功利的、特别实用的。从整体上看，设计是功利的东西，因为他是要实用的，但是中国作为一个这样大的国家，有这么多的设计专业和学院，应当有几所学校抛弃功利性，更注重设计本身的语言的探索，注重未来可能性的探索。有些东西可能看起来并不实用，但是从宏观的角度看，从国家的角度看，中央美术学院的探索就是很有价值的。

问：我们曾经看过您做过带有幽默色彩的标语"设计为人民服务"。

答："设计为人民服务"是我刚来的时候提出的，现在如果别人让我题字，我可能还是会写这个。因为我来之后，发现我们的学生都是艺术家，但是应该让我们的学生知道，设计不应该是只为自己的，这和纯艺术不同，设计应该是有某种目的，是应该为社会服务的。设计应该能解决一些问题，在解决问题的同时带有一些艺术性。这个口号就是时时刻刻提醒大家设计和纯艺术的区别。但是在这个理念上我更多的是在想让大家知道，设计是要"以人为本"，是要为"人"这个目标来服务的，是为一个大写的"人"。当时把它翻译成英文的时候有人问是否应该翻译成"design for people"，我说不是，应该是"design for humanity"。家居公司可以写"design for people"，因为它的设计是为了每一个人，但我们的设计不一定是为了所有人的，它可能是为了某个特定的人群，可能是为了某几个人，但是它的终极目标是为了这个大写的"人"。

问：作为长辈，您对年轻学子有何期待？

答：我十分羡慕你们生活在这样的一个时代，跟我们成长的那些年代相比，你们知道的、看到的、能够想象到的未来拥有更多的可能性。但是我又替现在的学生担心。因为社会变化得特别快，你在学校学到的一些东西，可能在不久的未来就会被人工智能取代。我们以往作为一个职业的工作现在或不久的未来会被人工智能取代，特别是现在有些学校教你怎样去排版，怎样画一些好看的 logo（图标），这些东西现在人工智能已经可以做了。以前你可以在学校学到一个专业，一辈子就从事这个专业，把它越做越好、越做越精。而现在你要终身学习，不要指望你在学校学了 4 年这一辈子就够用了，学校这 4 年只是让你学会了学习方法，让你学会怎样做一个完整的人。但总得来说，我还是很羡慕你们的，如果能从头来过我肯定选择出生在你们这个年代。我记得我在他们这个年纪的时候，有一次在家里收音机上听到贝多芬的《第五交响曲》，我哭了，因为从来没有听过贝多芬。"文化大革命"结束才允许放这种音乐，我被这种音乐震撼到了，不像你们现在想听什么有什么（笑）。我大学二年级的时候，第一次看到印象派、野兽派、表现主义的东西，都非常激动，因为之前一直接触苏联绘画，看到这些东西就像打开的新世界的大门。

吴长江先生与小组成员合影

问：您对美院建校 100 年有哪些祝福？

答：美院这 100 年对中国美术教育的贡献是有目共睹的，我更期待美院今后的 100 年，希望把艺术教育提高到一个更高的水准，在世界上产生引领艺术教育的作用，为整个人类文明做更大的贡献。100 年是很漫长的时间，但是从人类长河来看是很短暂的。我相信接下来的 100 年会是更精彩的 100 年，中央美术学院会越来越好。

采访人：齐梓萱　胡水叮咚　梅良辰
采访时间：2017 年 5 月 3 日

后 记

这本充满真情实感的文集,是中央美术学院2015级和2016级本科生《毛泽东思想与中国特色社会主义理论体系概论》课程的部分作业汇编。这门课程,是我们开始探索实行学校党委提出的"五位一体"思政课教学模式改革的第一门课程。

艺术院校思政课建设不仅要面对来自具有学科与体量等方面优势的综合院校的压力,也要承担来自艺术院校专业教师队伍中名家云集的压力。要改变"一门课程一位老师一本教材一个人从头讲到尾"的教学模式,采用"课程串讲+经典阅读+名家讲座+课堂讨论+实践教学"的方式,面向近千名感受敏锐、思维活跃的艺术生讲好这门"概论"课程,将要迎接的挑战还是比较艰巨的。

在学校党委领导的大力支持下,在北京大学陈占安教授、清华大学艾四林教授等名师的指导下,在课程总助教何梁、教学秘书岳兴和由各院系专职辅导员组成的兼职助教队伍的共同努力下,我们以"我的祖辈与我的祖国"为主题,以"大班讲座与串讲+小班讨论与实践"的形式创造性地开展了情景教学公开课、写生路上的思政课以及同题纪录片拍摄等课程和活动,使学生们在感觉并不枯燥的学习过程中比较深刻地理解了马克思主义中国化的历程及其成果,理解了中国特色社会主义探索的艰难性与复杂性,从而坚定了把个人的艺术追求与人民的美好生活需求有机地统一起来,成长为具有"大美之艺"的优秀艺术家的信念。

从2016年2月中央美术学院党委决定设立思想政治理论课教学部,到今天中央美术学院马克思主义学院的成立；从最初来自人文学院社科部的两名思政课教师，到现在一支9名专职教师、3名党政人员、19名兼职教师、16名兼职助教的思政课教师队伍；从最初本校教师只能给本科生开设1门课、给研究生开设3门课，到现在我们已经按照国家要求，全部开设面向全校三个校区全体本科生、硕士研究生、博士研究生和港澳台学生的14门必修课和选修课……回首这筚路蓝缕的5年岁月，内心许多感动、感慨与感谢！

特别要感谢的是认真完成这些作业的学生们，课堂上那些明亮的青春眼眸对老师们的认可、信赖和期待，给了我们讲好每一堂课的莫大动力。感谢马克思主义学院王伟老师这两年来对这本作业集的编辑校读。感谢文化艺术出版社的责任编辑王奕丹，使这本文集得以和大家见面。

马克思主义学院执行院长兼书记、美育研究院院长

宋修见

2021年9月